GDR   RDA

DDR
Souvenirs

Andreas Michaelis

GDR RDA
DDR

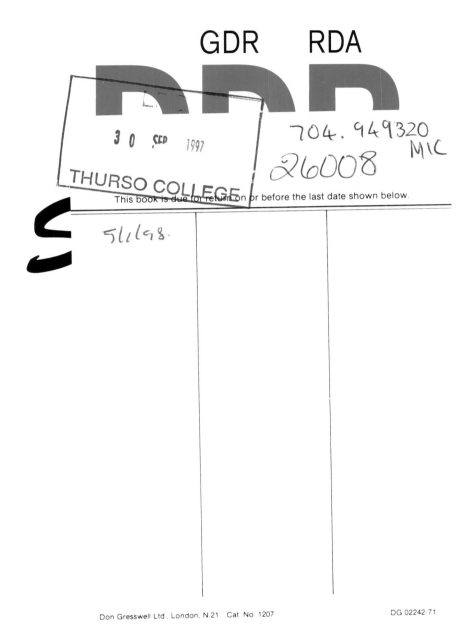
Benedikt Taschen

◄◄
We keep our promise!,
GDR 1976
Gift from the Zwickau hard coal
miners to the 9th Party Congress
Coal
29.5 x 13.5 x 8 cm

Wir halten Wort!, DDR 1976
Geschenk der Bergarbeiter des
Steinkohlenwerkes Zwickau an
den IX. Parteitag der SED
Steinkohle
29,5 x 13,5 x 8 cm

Nous tenons parole!, RDA 1976
Cadeau des mineurs des
charbonnages de Zwickau à
l'occasion du 9e Congrès du SED
Houille
29,5 x 13,5 x 8 cm

Dimensions are given in the following order:
width x height x depth

This book was printed on 100% chlorine-free bleached paper in accordance with the TCF standard.

The book was edited in cooperation with the Deutsches Historisches
Museum (German History Museum), Berlin. The publisher wishes to
thank the Director General of the museum, Professor Christoph Stölzl,
the Director of the collection department, Dr. Dieter Vorsteher, and his
staff, for their courteous and unfailing support.

© 1994 Benedikt Taschen Verlag GmbH
Hohenzollernring 53, D–50672 Köln
© 1994 VG Bild-Kunst for the work of John Heartfield
Edited by Christiane Blass, Cologne
Design: Mark Thomson, London
Cover: Angelika Muthesius, Cologne |
Mark Thomson, London
English translation: Michael Hulse, Cologne
French translation: Michèle Schreyer, Cologne
Typesetting: Utesch Satztechnik GmbH, Hamburg

Printed in Germany
ISBN 3-8228-8941-5

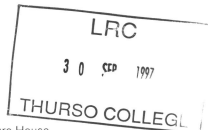

Contents

Inhalt

Sommaire

Центральному комитету
Социалистической
единой партии
Германии от
трудящихся г. Новосибирска
июнь 1964 г.

◄◄
Lenin, USSR 1964
Gift from the workers of
Novosibirsk to a GDR Party
and government delegation
Cast iron
13 x 25 x 12 cm

Lenin, UdSSR 1964
Geschenk der Werktätigen
der Stadt Nowosibirsk an eine
Partei- und Regierungsdelegation
aus der DDR
Gußeisen
13 x 25 x 12 cm

Lénine, URSS 1964
Cadeau des travailleurs de la ville
de Novossibirsk à une délégation
du Parti et du gouvernement est-
allemands
Fonte
13 x 25 x 12 cm

◄
Model robot, USSR 1978
Gift to Erich Honecker from
the Cybernetics Institute of
the USSR Academy of the
Sciences
Iron and brass
8 x 17 x 8 cm

Roboter, UdSSR 1978
Geschenk des Kybernetischen
Instituts der Akademie der
Wissenschaften der UdSSR
an Erich Honecker
Eisen, Messing
8 x 17 x 8 cm

Robot, URSS 1978
Cadeau de l'Institut de
Cybernétique de l'Académie
des Sciences de l'URSS à
Erich Honecker
Fer, laiton
8 x 17 x 8 cm

Museums are the places where we now keep our relics of times past. Generally they tended to originate in the treasuries and curiosity chambers of kings and emperors, in the bright assortment of gifts that were presented in homage to great rulers: silver sets and medallions, ivory and precious stones, ostrich eggs and adders' tongues, Baltic amber and Indian spices. Gifts were intended to win a prince's favour. And the ruler himself could see from the presents how mighty and revered he was.

The ecclesiastical great competed with secular princes in their quest for precious mementoes of the kingdom of heaven. Their treasuries featured splinters of the True Cross, soil from Golgatha, relics of the saints and of the church fathers. Almost anything brought back from the Holy Land might prompt the crafting of a magnificent reliquary or artistically embellished ossuary. The sacred books of the Middle Ages recorded these receptacles meticulously and reproduced them in miniature woodcuts. In this respect they might be considered the first ever museum catalogues.

The present publication might well be viewed as a sacred book recording the former power of socialism, now a faded thing. It records the symbols and icons of socialist holy days and dogmas. There are gifts made by other states of the socialist brotherhood, in mutual respect and all good faith: conversation pieces featuring the Kremlin, tanks and rockets, or a globe, symbolizing the universal sovereignty of Communism, surrounded by the writings of Marx, Engels and Lenin. These things served to reinforce confidence that all the brotherhood were following the same star – the red star of Soviet Communism. Relics, symbols and souvenirs, from the home-made present to the heraldically bombastic official gift, are all in this *Iconographia socialistica*.

This collection, representing forty years of East German history, was fortunately spared the ravages of iconoclasts from East and West alike. Now this entire socialist universe is in the good and methodical hands of the Deutsches Historisches Museum (German History Museum) – preserved from ruin, a curious collection of surviving relics in a democratic world with few symbols of its own.

Dieter Vorsteher Berlin, March 1994

Museen sind heute Aufbewahrungsorte für die Relikte vergangener Zeiten. Als fürstliche Schatzhäuser und königliche Wunderkammern entstanden sie meist aus einer bunten Ansammlung von Geschenken, die den Herrschern als Huldigung überbracht wurden: Silbergerät und Medaillen, Elfenbein und Edelsteine, Straußeneier und Natterzungen, Bernstein aus der Ostsee und Gewürze aus Indien. Geschenke sollten Fürsten und Könige gnädig stimmen. Der Beschenkte selbst konnte an den Präsenten den Grad seiner Anerkennung und Machtentfaltung ablesen.

Mit den weltlichen Fürsten wetteiferten die Kirchenfürsten auf ihrer Suche nach Partikeln aus dem Himmelreich. In ihren Wunderkammern fanden sich Splitter vom Heiligen Kreuz, Erde vom Berg Golgatha, Reliquien der Heiligen und der Kirchenväter. Mitbringsel aus dem Gelobten Land waren Anlaß, prachtvolle Reliquienschreine und kunstvoll verzierte Knochenbehälter zu schaffen. Die Heiltumsbücher des Mittelalters verzeichnen akribisch diese Behältnisse und bilden sie in kleinen Holzstichen ab. Sie sind die ersten Museumskataloge.

Als ein »Heiltumsbuch« über die ehemalige Macht des heute verblaßten Sozialismus könnte man auch das vorliegende Buch betrachten. Es verzeichnet Symbole und Ikonen aus der sozialistischen Festtagskultur und Heilslehre. Geschenke, die sich die sozialistischen Bruderstaaten in bester Überzeugung und gegenseitiger Achtung machten: Die Tischzier mit Kremlmauer, Panzern und Raketen, oder der kleine Globus als Zeichen der Weltherrschaft, verankert in den Lehrbüchern von Marx, Engels und Lenin. Dies alles verbreitet Zuversicht und stellt den Besuch unter einen glücklichen Stern – den Sowjetstern. Reliquien, Symbole und Mitbringsel, Selbstgebasteltes und heraldisch Überhöhtes findet sich in dieser »Iconographia socialistica«.

Die Sammlung aus 40 Jahren DDR hat sich den Bilderstürmern aus Ost und West entzogen. Die museale Beharrlichkeit des Deutschen Historischen Museums bewahrt diese sozialistische Kleinwelt in einer an Symbolen armen demokratischen Kultur vor dem Untergang.

Dieter Vorsteher Berlin, im März 1994

Aujourd'hui les musées sont des lieux où l'on conserve les vestiges des temps passés. A l'origine des musées, on trouve les trésors princiers et les dépôts de collections royales engendrés la plupart du temps par une collection hétéroclite de cadeaux offerts en hommage aux souverains: ustensiles d'argent et médailles, ivoire et pierres précieuses, œufs d'autruche et langues de vipère, ambre de la Baltique et épices des Indes. Les cadeaux devaient inciter le roi à la clémence. Quant au royal destinataire, il trouvait reflétées dans ces présents une louange de sa personne et l'ampleur de sa puissance.

Les princes de l'Eglise rivalisaient avec les souverains de ce monde afin d'amener sur terre un peu du Royaume des Cieux. Leurs cabinets de curiosités royaux abritaient des fragments de la Sainte-Croix, de la terre du Calvaire, des reliques des saints et des pères de l'Eglise. Pour ces souvenirs de la Terre Sainte on réalisait de magnifiques châsses et des reliquaires artistement décorés. Les psautiers médiévaux mentionnent avec force détails ces objets et les reproduisent dans de petites gravures sur bois. Ce sont les premiers catalogues des musées.

Le présent ouvrage remplit en quelque sorte la même fonction en relatant l'ancienne puissance du socialisme aujourd'hui pâli. Il mentionne les symboles et les icônes de la culture festive socialiste et de sa doctrine de la grâce, c'est-à-dire les cadeaux que se faisaient les Etats-frères socialistes absolument convaincus de leur reconnaissance mutuelle: la décoration de table avec un mur du Kremlin, des chars blindés et des fusées, ou le petit globe terrestre en signe d'hégémonie mondiale, ancrée dans les traités de Marx, Engels et Lénine. Tout ceci donne confiance et place la visite sous une bonne étoile – l'étoile soviétique. Reliques, symboles et souvenirs, objets bricolés et créations sublimées au rang de blason, on trouve tout cela dans cette «Iconographia socialistica».

Cette collection d'objets, fruit de quarante années de République démocratique allemande, a échappé aux iconoclastes de l'Est et de l'Ouest. La persévérance du Deutsches Historisches Museum préserve ce microcosme socialiste de l'oubli qui le guette dans une culture démocratique pauvre en symboles.

Dieter Vorsteher Berlin, mars 1994

The SED's Treasure House

Aus der Wunderkammer der SED

Le cabinet de curiosités du SED

The »GDR, our Socialist
Fatherland« exhibition in the
Museum of German History
(East Berlin), 1984. The exhibits
date from the period 1961 to 1971.

Blick in die Ausstellung
»Sozialistisches Vaterland DDR«
im Museum für Deutsche
Geschichte in Berlin 1984. Die
Exponate stammen aus der Zeit
von 1961–1971.

Vue sur l'exposition «RDA, patrie
socialiste» du Museum für
Deutsche Geschichte, Berlin,
1984. Les objets exposés datent
des années 1961–1971.

The date the two Germanies were unified, 3 October 1990, is assured its place in the history books. It was a day that set a seal on a remarkable process of disintegration: not with a bang but a whimper, East Germany – the German Democratic Republic – disappeared from the political map. An entire society, complete with its structures and networks, was consigned (as author Stefan Heym put it) to the »garbage heap of history«.

But numerous relics of the now defunct state remained to tell their tales. Some were to be found in the Museum für Deutsche Geschichte (Museum of German History). The museum's task, under the rule of the East German SED (Sozialistische Einheitspartei Deutschlands: the German Socialist Unity Party), was to present a Marxist-Leninist interpretation of German history to those within and outside the country, an interpretation that viewed the history of East Germany as the crown and climax. The museum was one of the GDR's foremost ideological power-houses; the museum's collections, and its exhibition policies and contents, were directly laid down and supported by the leadership of the East German Communist Party and the state.

After unification, the use of, and rights to, the arsenal and the museum collections passed to the Deutsches Historisches Museum (German History Museum), which had been established in West Berlin in 1987. This meant, among other things, that the Deutsches Historisches Museum found itself with holdings which, both by their constituent character and by their origins, were quite new to western museum

Der 3. Oktober 1990 wird in den Geschichtsbüchern als »Tag der Deutschen Einheit« einen festen Platz finden. An diesem Tag fand der Prozeß der Selbstauflösung eines Staates seinen Abschluß. Die Deutsche Demokratische Republik verschwand sang- und klanglos von der politischen Landkarte. Ein ganzes System gesellschaftlicher Beziehungen landete – wie der Schriftsteller Stefan Heym es ausdrückte – auf dem »Müllhaufen der Geschichte«.

Zahlreiche materielle Relikte des untergegangenen Staates blieben jedoch erhalten, u. a. in den Sammlungen des Museums für Deutsche Geschichte (MfDG). Dieser Institution oblag es während der SED-Herrschaft, der Öffentlichkeit aus dem In- und Ausland ein marxistisch-leninistisches Bild der deutschen Geschichte und, als deren Höhepunkt, der Geschichte der DDR zu präsentieren. Das Museum für Deutsche Geschichte war eines der führenden Ideologieinstitute der DDR; seine Sammlungs- und Ausstellungstätigkeit wurde direkt von der Partei- und Staatsführung unterstützt und angeleitet.

Nach der Vereinigung der beiden deutschen Staaten übernahm das im Westteil der Stadt gegründete Deutsche Historische Museum (DHM) die Nutzungsrechte für das Zeughaus und die Sammlungen des MfDG. Damit fiel dem DHM auch ein Bestand zu, der in seiner Zusammensetzung und seiner Genesis für Museumsleute aus dem Westen etwas völlig Neues darstellte: das sogenannte »Sonderinventar«. Ein Sammelsurium teils obskurer, teils banaler Objekte, welches kaum die Kriterien einer fundierten musealen

Le 3 octobre 1990 est une date historique. Le Jour de la réunification allemande est aussi celui où s'est achevée l'autodissolution d'un Etat. La République Démocratique Allemande a disparu sans tambour ni trompette de la carte géopolitique. Tout un système de relations sociales a atterri, ainsi que l'a exprimé l'écrivain Stefan Heym, dans les «poubelles de l'Histoire».

Pourtant de nombreux vestiges de l'Etat perdu nous sont restés, notamment dans les collections du Museum für Deutsche Geschichte (Musée de l'Histoire allemande). Sous le règne du SED (parti socialiste unifié), cet établissement devait présenter au public national et étranger une image marxiste-léniniste de l'Histoire allemande dont l'apogée était celle de la RDA. Le Museum für Deutsche Geschichte était l'un des instituts idéologiques les plus en vue de la RDA, ses travaux étaient directement soutenus et dirigés par la direction du Parti et de l'Etat.

Depuis la réunification des deux Etats allemands, le Deutsches Historisches Museum (Musée historique allemand), créé en 1987 à Berlin-Ouest, a pris en charge les collections du Museum für Deutsche Geschichte et possède les droits d'utilisation de l'arsenal. Le Deutsches Historisches Museum a ainsi hérité de nombreuses collections. L'une d'elles est absolument inédite de par sa composition et son origine. C'est un assemblage hétéroclite d'objets indéfinissables ou banals, répondant à peine aux critères que doit remplir une collection de musée digne de ce nom, et qui laissa les employés chargés d'en faire l'inventaire tour à tour perplexes, amusés, voire

The »Special Inventory«

Das »Sonderinventar«

Le «Fonds RDA»

In August 1968, an exhibition called »United we stand« (or: »United we are invincible«) was opened at the Museum of German History. Those who attended the opening included Arts Minister Klaus Gysi (second from right) and Central Committee member Kurt Hager (centre).

Das Museum für Deutsche Geschichte eröffnete im August 1968 die Ausstellung »Vereint sind wir unbesiegbar«. Zu den Besuchern gehörten der Minister für Kultur, Klaus Gysi (2. v. r.), und das ZK-Mitglied Kurt Hager (Mitte).

En août 1968, l'exposition «Réunis, nous sommes invincibles» s'ouvrait au Museum für Deutsche Geschichte. Le Ministre de la Culture, Klaus Gysi (2nd à partir de la droite), l'a visitée ainsi que Kurt Hager (au centre), membre du Comité central.

staff: the »Special Inventory«. This was a remarkable collection of unfamiliar, odd or commonplace objects that could scarcely be seen as meeting the criteria of any normal, rationally conceived museum collection; and they amazed, amused or appalled the staff who found them on their hands. In the first instance their interest was doubtless aroused by a whiff of the exotic, but they soon realised that in fact the »special inventory« afforded a unique glimpse of GDR history, and indeed a more instructive mirror than any other items in the museum's collections.

The collection included gifts exchanged on the occasion of state visits to or from East Germany, as well as personal birthday or anniversary presents given to state and Party leaders in the 40-year history of the GDR. There were also items that had been made specially for Party congresses and similar occasions.

Generally speaking, these things are not valuables; the value they possess lies in their symbolic character. In the main, the materials from which they are made, and the subject matter expressed, reflect the national folklore and craft tradition of the country of origin. Presents from other Communist-ruled countries tend often to be of an unsubtle revolutionary nature, and may carry slogans in favour of peace and friendship, solidarity, or the triumph of socialism. Gifts connected with Party congresses, anniversaries or birthdays are particularly prone to carry class struggle messages. Presents received from guests, by contrast, are usually free of tendentious material, and reflect the national character of the country of origin.

The »Special Inventory« is a complex and illuminating collection, an altogether unique collection of material drawn from the realm of political pomp and circumstance, a collection that vividly illustrates the iconography of the GDR and its socialist brothers in the Soviet bloc. Furthermore, it affords us an exceptional insight into the ritualized relations between East German social organizations and institutions and the SED, and sheds instructive light on the SED's relations with Communist parties elsewhere and with revolutionary movements in the Third World.

The present publication is the first attempt to present these museum holdings in any genuine complexity. This cross section of some 250 select items now in the Deutsches Historisches Museum adds up to far more than so many pages of photographs: it is a (partial) history of the GDR and of the Communist movement.

Sammlung erfüllte und bei seinen Erben wechselweise Erstaunen, Heiterkeit und Befremden auslöste. War es zunächst wohl mehr der Hauch des Exotischen, der das Interesse weckte, so wurde schon bald erkannt, daß gerade das »Sonderinventar« wie kein anderer Sammlungsbestand des Hauses DDR-Geschichte widerspiegelt.

Dieser Bestand umfaßt sowohl Erinnerungsgeschenke, die bei Staatsbesuchen im Ausland oder in der DDR ausgetauscht wurden, als auch persönliche Geburtstags- oder Jubiläumsgeschenke der Staats- und Parteiführer aus 40 Jahren DDR. Stücke, die zu besonderen Anlässen wie Partei- oder Jahrestagen angefertigt wurden, vervollständigen die Sammlung.

Die Objekte besitzen in der Regel keinen nennenswerten materiellen Wert, sie zeichnen sich vielmehr durch ihren Symbolcharakter aus. Meist spiegeln sich in den Materialien und Motiven nationale folkloristische oder kunsthandwerkliche Traditionen der Ursprungsländer wider. So sind Präsente aus den kommunistisch regierten Ländern häufig von einer vordergründigen revolutionären Symbolik geprägt. Aufschriften beschwören Frieden, Freundschaft, Solidarität oder den Sieg des Sozialismus. Klassenkämpferische Inhalte finden sich vor allem bei den Parteitags-, Jubiläums- oder Geburtstagsgeschenken. Die offiziellen Gastgeschenke hingegen sind relativ sachlich gehalten und reflektieren mehr den nationalen Charakter des Herkunftslandes.

Das »Sonderinventar« ist eine in ihrer Komplexität und Aussagekraft einmalige Sammlung von Objekten der politischen Festtagskultur, die die Ikonographie der DDR und ihrer sozialistischen Bruderländer anschaulich darstellt. Die Sammlung vermittelt darüber hinaus einen hervorragenden Einblick in die Rituale des Umgangs gesellschaftlicher Organisationen und Institutionen der DDR mit der SED und beleuchtet die Beziehungen der SED zu den kommunistischen Bruderparteien und den revolutionären Bewegungen der Dritten Welt.

Die vorliegende Publikation ist die erste komplexe Präsentation dieses Museumsbestandes. Ein repräsentativer Querschnitt von rund 250 ausgewählten Objekten des Deutschen Historischen Museums soll, über eine bloße Aneinanderreihung von Fotos hinaus, ein Stück Geschichte der DDR und der kommunistischen Bewegung dokumentieren.

franchement déconcertés. Le caractère étrange de ces objets sut tout d'abord éveiller l'intérêt, mais on reconnut très vite que le «Fonds RDA» reflétait mieux que tout autre collection du musée l'Histoire de la RDA.

Ce dépôt rassemble aussi bien des cadeaux-souvenirs échangés lors de visites d'hommes d'Etat de RDA ou en RDA, que des présents offerts à l'occasion de journées commémoratives ou d'anniversaires personnels des dirigeants du Parti et de l'Etat, et ceci sur quarante années. Des choses élaborées pour des occasions particulières, congrès du parti ou commémorations annuelles, complètent la collection.

En général les objets n'ont pas de valeur matérielle notable, ils se caractérisent beaucoup plus par leur traits symboliques. Le plus souvent, les traditions folkloriques et artisanales des pays d'origine se reflètent dans les matériaux et les motifs. Ainsi les présents des pays communistes sont souvent empreints d'un symbolisme révolutionnaire apparent. Des inscriptions évoquent la paix, l'amitié, la solidarité ou la victoire du socialisme. Des références à la lutte des classes apparaissent surtout dans les présents destinés aux congrès, aux jubilés et aux anniversaires. Les cadeaux officiels, par contre, sont relativement neutres et traduisent plutôt le caractère national de leur pays d'origine.

Le «Fonds RDA» est, au niveau de sa complexité et de sa force d'expression, une collection unique d'objets se référant à la culture des célébrations politiques et dépeignant de manière éloquente l'iconographie de la RDA et de ses pays-frères socialistes. En outre, la collection donne un aperçu remarquable des rituels se rapportant aux relations entre les organisations et les institutions sociales est-allemandes et le SED, et met en lumière les contacts du SED avec les partis-frères communistes ou les mouvements révolutionnaires du tiers monde.

Le présent ouvrage est la première description détaillée de cette collection unique en son genre. Un profil représentatif d'une sélection d'environ 250 objets du Deutsches Historisches Museum doit être plus qu'un simple assemblage de photos, il doit documenter le mouvement communiste et un pan de l'Histoire de la RDA.

Model of the Spassky Tower with clock, USSR 1950
Gift from the 1st State Clock Factory in Moscow to an SED Central Committee delegation
Plastic, steel and brass
35 x 44 x 16 cm

Spasskiturm mit Uhr,
UdSSR 1950
Geschenk der 1. Staatlichen Uhrenfabrik Moskau an eine Delegation des ZK der SED
Plaste, Stahl, Messing
35 x 44 x 16 cm

Tour Spassky avec horloge intégrée, URSS 1950
Cadeau de la Première Horlogerie nationale de Moscou à une délégation du Comité Central du SED
Plastique, acier, laiton
35 x 44 x 16 cm

The GDR was a child of the Cold War. Two German states evolved in the post-'45 period as a result of the Allies' realisation that neither the western democracies nor the Soviet Union would be able to impose their differing socio-political systems throughout all Germany. From the outset, the GDR was on the defensive. It was founded at a time when many countries had already recognised the Federal Republic as the legitimate, sovereign heir to the defeated Third Reich. The West German parliament and government were equipped with democratic credentials, and the West German economy was soon well on the way to its famous miraculous recovery. The majority of the victorious powers of the Second World War, and thus most of the West, stood behind the Federal Republic. The GDR, by contrast, seemed the Soviet Union's political outpost in central Europe, a bastion rifted with strategic interests; and the West neither recognised its right to exist nor gave it a chance to survive. Thus, from the very beginning, the German Democratic Republic had a hard time winning international recognition. It was in the nature of things that the first countries to establish diplomatic relations with the GDR were the Soviet Union and its East European satellites, and in October 1949 the People's Republic of China, and Korea, became the first non-European countries to follow suit. And that, indeed, was already very nearly all the countries prepared to see East Germany as an equal partner. This inevitably exerted a constricting influence on the GDR's options when it came to presenting an international image.

Die DDR war ein Kind des kalten Krieges. Die Herausbildung zweier deutscher Staaten basierte u. a. auf der Erkenntnis der alliierten Großmächte, daß sie ihre unterschiedlichen gesellschaftspolitischen Vorstellungen nicht in einem einheitlichen Deutschland durchsetzen konnten. Dabei war die DDR von Anfang an in einer Defensivposition. Ihre Gründung erfolgte, als bereits zahlreiche Länder die Bundesrepublik als souveränen Nachfolgestaat des zusammengebrochenen Dritten Reiches anerkannt hatten. Regierung und Parlament des westdeutschen Staates waren demokratisch legitimiert und ihre Wirtschaft auf dem besten Weg, sich zu konsolidieren. Hinter der Bundesrepublik stand die Mehrzahl der Siegermächte des Zweiten Weltkrieges und damit die gesamte »westliche Welt«. Demgegenüber stellte sich die DDR als ein politisches Gebilde zur Durchsetzung der strategischen Interessen der Sowjetunion in Europa dar, dem die Westmächte weder eine Daseinsberechtigung noch eine historische Überlebenschance zubilligten. So hatte es die Deutsche Demokratische Republik von Anfang an schwer, internationale Anerkennung zu finden. Die ersten Staaten, die diplomatische Beziehungen zur DDR aufnahmen, waren naturgemäß die Sowjetunion und ihre osteuropäischen Satelliten; als erste außereuropäische Länder folgten noch im Oktober 1949 die Volksrepublik China und Korea. Doch damit waren die Möglichkeiten der DDR, von anderen Staaten als gleichberechtigter Partner anerkannt zu werden, nahezu erschöpft. Entsprechend begrenzt waren die Aussichten der DDR, sich international zu präsentieren.

La RDA est le produit de la Guerre froide. La sépara-
tion en deux Etats allemands distincts vient du fait que
les grandes puissances alliées ont reconnu qu'elles ne
pouvaient pas imposer leurs conceptions politico-so-
ciales respectives dans l'Allemagne toute entière. La
RDA est dès le début en position défensive. Elle est
créée alors que de nombreux Etats ont reconnu la
République fédérale en tant qu'Etat souverain prenant
la relève du Troisième Reich effondré. Le gouvernement et le parlement de l'Etat ouest-allemand sont
légitimés démocratiquement et l'économie du pays est
sur le point de se consolider. Derrière la République
Fédérale Allemande se tiennent la plupart des vainqueurs de la Deuxième Guerre mondiale, donc du
«monde occidental» dans son ensemble. Face à elle, la
RDA apparaît comme une création politique permet-
tant à l'Union soviétique d'imposer ses intérêts stratégiques en Europe. Les puissances occidentales ne
lui concèdent ni droit à l'existence, ni chance de survie
historique. Dès le départ, la République Démocratique
Allemande a des difficultés à obtenir la reconnaissance internationale. Les premiers Etats qui nouent
des contacts diplomatiques avec elle, sont, c'est dans
l'ordre des choses, l'Union soviétique et ses satellites
est-européens; en octobre 1949 les premiers pays
non-européens, la République populaire de Chine et la
Corée, prennent la suite. Après cela, les possibilités
pour la RDA d'être reconnue par d'autres Etats
comme un partenaire égal en droit sont presque épui-
sées et les perspectives de se profiler sur la scène
internationale limitées.

Official Gifts from Abroad

Gast- und Regierungs-
geschenke aus dem
Ausland

Cadeaux des
gouvernements étrangers

King Sigismund, Poland 1951
Gift from Polish President
Boleslaw Bierut to Wilhelm Pieck
on the occasion of his visit to the
GDR in April 1951
Bronze and marble
140 x 24 x 24 cm

König Sigismund, Polen 1951
Geschenk des polnischen
Staatspräsidenten Boleslaw
Bierut an Wilhelm Pieck anläßlich
seines Besuches in der DDR im
April 1951
Bronze, Marmor
140 x 24 x 24 cm

Le Roi Sigismond,
Pologne 1951
Cadeau du Président de la
République polonaise Boleslaw
Bierut à Wilhelm Pieck lors de
sa visite en RDA en avril 1951
Bronze, marbre
140 x 24 x 24 cm

The GDR's first foreign policy contacts with the Soviet Union were apparently viewed as working sessions: neither Foreign Minister Andrei J. Vyshinsky's visit in December 1949, nor that of Nikolai Mikhailovich Shvernik, Chairman of the Presidium of the Supreme Soviet, were documented in the »special inventory«. Nor does the Deutsches Historisches Museum possess any mementoes of the first official state visit to the Soviet Union by representatives of the GDR.

At a level below the topmost leadership, though, there was a brisk and continuing exchange of delegations, and some items have survived to recall these. This chapter, for instance, opens with a souvenir Fred Oelssner, by his own account, was given on a visit to the USSR in 1949 or 1950. From 1950 to 1958, Oelssner was a member of the Party executive and also held a variety of state offices, so the present presumably belongs in the category of gifts to members of government. The gift in question is a model of the Spasski Tower on the Kremlin in Moscow, with a clock built into it. The Russian inscription reads: »Onward, ever onward, onward to victory« (p. 15). Until 1972, the piece was in the private keeping of the Oelssner family, and was donated to the Museum für Deutsche Geschichte when that body enquired after it.

In December 1950, Wilhelm Pieck paid his first official state visit to neighbouring Poland as President of the GDR. A small brass sculpture given to Pieck when he visited the Ursus works in Warsaw (p. 17) still recalls the occasion. But of greater weight, in a perfectly literal sense of the word, is the present brought by Polish President Boleslaw Bierut when he made his return visit to East Germany in April 1951. The bronze statue of King Sigismund III Wasa of Poland (1587-1632) and Sweden (1592-1603), mounted on a solid marble plinth, is a miniature of the monument in Warsaw, and weighs in at a full two hundredweight (p. 16). In the early 1950s, gifts made by East European countries generally made some reference to national history or to native cultural traditions; later, this emphasis was largely displaced by symbolic references to the workers' movement and socialist institutions. The tendency is already apparent in a bronze statuette of a welder that Pieck was given on his second and last visit to Czechoslovakia in October 1950 (p. 18).

Figures of workers, usually idealized, were stand-bys of the visual arts in Communist countries, especially when commissioned by the Party. Small wonder, then,

Die ersten außenpolitischen Kontakte der DDR mit der Sowjetunion trugen wohl mehr den Charakter von Arbeitstreffen; weder der Besuch von Außenminister Andrei J. Wyschinski im Dezember 1949 noch die Visite des Vorsitzenden des Präsidiums des Obersten Sowjets, Nikolai M. Schwernik, sind im »Sonderinventar« dokumentiert. Auch vom ersten offiziellen Staatsbesuch von DDR-Repräsentanten in der Sowjetunion im August 1953 gibt es im DHM keine Erinnerungsstücke.

Allerdings fand ein reger wechselseitiger Delegationsaustausch unterhalb der Ebene der Spitzenfunktionäre statt, von dem einige Zeugnisse überliefert sind. So steht am Anfang dieses Kapitels ein Souvenir, das Fred Oelßner nach eigenen Angaben bei einem Besuch in der UdSSR im Jahr 1949 oder 1950 erhalten hat. Oelßner war von 1950-1958 Mitglied der Parteiführung der SED und zugleich mit verschiedenen staatlichen Funktionen betraut, so daß man das Präsent durchaus in die Kategorie »Gast- und Regierungsgeschenke« einordnen kann. Es handelt sich um ein Modell des Spasskiturms am Moskauer Kreml mit einer eingebauten Uhr. Die russische Aufschrift lautet: »Vorwärts und nur vorwärts, vorwärts zum Sieg« (S. 15). Das Stück befand sich bis 1972 im Privatbesitz der Familie Oelßner und wurde dem MfDG auf Anfrage als Geschenk überlassen.

Im Dezember 1950 trat Wilhelm Pieck als Präsident der DDR seinen ersten offiziellen Staatsbesuch im Nachbarland Polen an. Von diesem Ereignis ist eine kleine Messingplastik überliefert, die Pieck bei einer Visite in den Warschauer Ursus-Werken überreicht wurde (S. 17). Wesentlich gewichtiger – im wahrsten Sinne des Wortes – ist das Präsent, das der polnische Staatspräsident Boleslaw Bierut zu seinem Gegenbesuch in der DDR im April 1951 mitbrachte. Das Bronzestandbild des Königs Sigismund III. Wasa (König von Polen 1587-1632 und König von Schweden 1592-1603), auf einem massiven Marmorsockel ist eine Miniatur des Denkmals in Warschau und wiegt rund zwei Zentner (S. 16). Der Bezug zur Nationalgeschichte und zu einheimischen kulturellen Traditionen, der bei Objekten aus den osteuropäischen Ländern in den frühen 50er Jahren noch mehrfach deutlich wird, wurde später zunehmend von Symbolen der Arbeiterbewegung und des sozialistischen Aufbaus verdrängt. Diese Tendenz zeigt sich bereits in einer Bronzeplastik mit der Darstellung eines Schweißers,

Les premiers contacts politiques de la RDA avec l'Union soviétique ont probablement le caractère de réunions de travail, d'ailleurs le «Fonds RDA» n'a conservé aucune trace de la visite du Ministre des Affaires étrangères Andreï J. Vychinski en décembre 1949 ni de celle du président du Présidium du Soviet suprême, Nicolas M.Chvernik. Aucun souvenir non plus de la première visite officielle de représentants de la RDA en Union soviétique en août 1953.

Quelques témoignages nous sont pourtant parvenus d'un échange réciproque intense de délégations de moindre importance hiérarchique. Au début de ce chapitre, on peut voir un souvenir que Fred Oelßner a, selon ses dires, reçu lors d'une visite en URSS en 1949 ou 1950. A cette époque, Oelßner est membre de la tête du SED et, en même temps, il connaît bien certains fonctionnaires, de sorte que l'on peut classer le présent dans la catégorie «Cadeaux des gouvernements étrangers» à leurs invités. Il s'agit d'un modèle réduit de la tour Spassky du Kremlin avec pendule intégrée. L'inscription russe signifie «en avant et rien qu'en avant, en avant vers la victoire» (p. 15). L'objet se trouvait jusqu'en 1972 en possession de la famille Oelßner et fut remis au Museum für Deutsche Geschichte sur la demande de celui-ci.

En décembre 1950, Wilhelm Pieck, alors Président de la RDA, fait sa première visite officielle en Pologne. Témoin cette petite figure de laiton offerte à Pieck lors de sa visite des usines Ursus de Varsovie (p. 17). Le cadeau du Président polonais Boleslaw Bierut à ses hôtes lorsqu'il se rend en RDA en avril 1951 a plus de poids. La statue en bronze de Sigismund III Wasa (roi de Pologne de 1587 à 1632 et de Suède de 1592 à 1603), sur un socle de marbre massif, est une reproduction miniature du monument qui se trouve à Varsovie et elle pèse une centaine de kilos (p. 16). Les dénotations historiques et culturelles nationales que présentent souvent les objets des pays est-européens au début des années 50, seront évincées ultérieurement de plus de plus au profit de symboles du mouvement ouvrier et du système socialiste. On observe déjà cette tendance dans une figure en bronze représentant un soudeur, que Pieck reçoit lors de sa seconde et dernière visite en Tchécoslovaquie en octobre 1950 (p. 18). On retrouve sans cesse le motif de l'ouvrier souvent sublimé et idéalisé dans les œuvres d'arts plastiques réalisées sur la commande des partis communistes et dans les pays qu'ils dirigent. Rien

Sculpture of a worker in a cogwheel, Poland 1950
Gift from the Ursus Works, Warsaw, to Wilhelm Pieck
Brass and wood
24 x 26 x 8 cm

Arbeiter mit Zahnrad,
Polen 1950
Geschenk der Warschauer Ursus-Werke an Wilhelm Pieck
Messing, Holz
24 x 26 x 8 cm

Ouvrier et engrenage,
Pologne, 1950
Cadeau des usines Ursus de Varsovie à Wilhelm Pieck
Laiton, bois
24 x 26 x 8 cm

In the 1950s, foreign travel by GDR delegations was largely restricted to Communist bloc countries. Otto Grotewohl in Prague in September 1956.

Die Auslandsreisen von DDR-Delegationen beschränkten sich in den 50er Jahren im wesentlichen auf die Ostblockstaaten. Otto Grotewohl im September 1956 in Prag.

Au cours des années 50, les délégations est-allemandes visitaient essentiellement les pays socialistes. Otto Grotewohl à Prague en septembre 1956.

▼
The welder, Czechoslovakia 1950
Gift from the Stalingrad heavy machinery plant in Prague to Wilhelm Pieck on the occasion of his state visit in October 1950
Bronze and marble
16 x 60 x 16 cm

Der Schweißer, ČSSR 1950
Geschenk der Schwermaschinenfabrik Stalingrad in Prag an Wilhelm Pieck anläßlich seines Staatsbesuches im Oktober 1950
Bronze, Marmor
16 x 60 x 16 cm

Le Soudeur, République de Tchécoslovaquie 1950
Cadeau de l'usine de matériels lourds Stalingrad de Prague à Wilhelm Pieck lors de sa visite officielle en octobre 1950
Bronze, marbre
16 x 60 x 16 cm

that the »Special Inventory« of the Deutsches Historisches Museum includes several dozen sculptures of miners, steelworkers, foresters or agricultural labourers. Doctrine held that the working classes played the lead role, and this belief naturally required expression in art.

In the 1950s, state visits to the GDR were infrequent, and when they occurred they were occasions marked by wide public interest and celebration. The first heads of state to visit, needless to say, were those from neighbouring socialist countries. After Boleslaw Bierut, Czechoslovak President Clement Gottwald visited East Germany in March 1952. One of the presents he brought with him was a group of figures, a product of traditional Bohemian glass-blowing craft (p. 19). These working class figures are unmarred by slick emotionalism or shallow class symbolism, and in this respect afford welcome relief from other exhibits of a more bombastic, heroic character.

The next eminent guest of the GDR was Mátyás Rákosi, Prime Minister of Hungary. One of the gifts he brought with him in October 1952 was a tapestry portraying the Hungarian national poet Sándor Petöfi (p. 20). Little did he know that Budapest's Petöfi Club was to be the seedbed of radical opposition to the Rákosi regime in the mid-50s, an opposition that led to his own downfall in March 1956 and to the bloody rising in November that year. Another of Mátyás Rákosi's gifts reveals the vanity characteristic of so many dictators, and shows Rákosi himself smiling brightly amidst an engraved repertoire of just about every conceivable symbol dear to the Communist heart (p. 38).

In the mid-50s, the GDR stepped up its efforts to get a foothold on the international rockface. The industrial nations of the West spurned the Soviet zone of Germany (as East Germany was widely referred to) and refused to take up diplomatic relations; so the GDR increasingly put out its feelers towards developing countries in Asia and Africa. In November 1955, a government delegation led by Deputy Prime Minister and Minister of Foreign Trade Heinrich Rau visited India and Egypt (pp. 48/49), and visits to Lebanon, Syria and the Sudan followed in January 1956.

Contacts with these and other non-Communist states, however, operated below the official, diplomatic level. The Federal Republic was largely successful in establishing its international claim to be the sole legiti-

die Pieck bei seinem zweiten und zugleich letzten Staatsbesuch im Oktober 1950 in der Tschechoslowakischen Republik erhielt (S. 18).

Arbeitergestalten, häufig verklärt und idealisiert, waren ein immer wiederkehrendes Motiv in der bildenden (Auftrags-)Kunst kommunistischer Parteien und der von ihnen regierten Länder. So ist es nicht verwunderlich, daß sich im »Sonderinventar« des DHM einige Dutzend Plastiken von Berg-, Stahl-, Wald- oder Landarbeitern befinden. Die führende Rolle der Arbeiterklasse sollte auch in der Kunst zum Ausdruck kommen.

Staatsbesuche in der DDR waren in den 50er Jahren seltene und deshalb mit großer Anteilnahme der Bevölkerung verbundene Ereignisse. Als erste Staatsgäste kamen natürlich die Oberhäupter der sozialistischen Nachbarländer. Nach Boleslaw Bierut besuchte im März 1952 der tschechoslowakische Staatspräsident Klement Gottwald die DDR. Eines seiner Präsente war ein Figurenensemble mit Motiven aus der traditionellen böhmischen Glasbläserkunst (S. 19). Die ohne jedes Pathos und ohne vordergründige Klassensymbolik geformten Arbeiterfiguren unterscheiden sich wohltuend von den zu protzigen Heldengestalten stilisierten Exponaten.

Der nächste hohe Gast in der DDR, der ungarische Ministerpräsident Mátyás Rákosi, brachte im Oktober 1952 u. a. einen Wandteppich mit der Abbildung des ungarischen Nationaldichters Sándor Petöfi mit (S. 20). Was er nicht ahnen konnte: Im Petöfi-Klub in Budapest formierte sich Mitte der 50er Jahre eine scharfe Opposition gegen das Rákosi-Regime, die im März 1956 zu seinem Sturz und im November zu einem blutigen Aufstand führte. In einem weiteren Geschenk des ungarischen Gastes manifestiert sich die vielen Diktatoren eigene Eitelkeit. Von einer mit allen erdenklichen Symbolen der kommunistischen Bewegung ausgestatteten Gravur lächelt uns Herr Rákosi persönlich entgegen (S. 38).

Mitte der 50er Jahre unternahm die DDR verstärkt Bemühungen, auf internationalem Parkett Fuß zu fassen. Da die westlichen Industriestaaten es nach wie vor ablehnten, die »Sowjetzone« diplomatisch zur Kenntnis zu nehmen, wurden die Fühler vor allem in Richtung der Entwicklungsländer Asiens und Afrikas ausgestreckt. Im November 1955 weilten Regierungsdelegationen der DDR unter Leitung des stellvertretenden Ministerpräsidenten und Ministers für Außen-

d'étonnant donc à ce que la réserve du Deutsches Historisches Museum abrite plusieurs dizaines de figures de mineurs, d'aciéristes, de bûcherons ou d'agriculteurs. Le rôle dirigeant de la classe ouvrière doit bien sûr s'exprimer aussi dans le domaine artistique.

Au cours des années 50, les visites de gouvernants étrangers en RDA sont rares et la population s'y intéresse beaucoup. Les premiers invités sont naturellement les chefs d'Etat des pays voisins socialistes. En mars 1952, après Boleslaw Bierut, le président tchécoslovaque Klement Gottwald se rend en visite officielle en RDA. Il amène entre autres un ensemble de figures ornées des motifs traditionnels des souffleurs de verre bohémiens (p. 19). Ces ouvriers, représentés sans souci du pathétique et sans symbolisme de classe apparent, se distinguent agréablement des figures ostentatoires de travailleurs héroïques exposées.

Le prochain visiteur de marque, le Président hongrois Mátyás Rákosi, apporte avec lui en octobre 1952 un tapis mural représentant l'écrivain national hongrois Sándor Petöfi (p. 20). Il ignore, bien sûr, que quelques années plus tard le Club Petöfi de Budapest sera le cadre d'une opposition dure au régime de Rákosi, le fera basculer en mars 1956 et causera en novembre une insurrection sanglante. Un autre présent de l'invité hongrois manifeste la vanité propre à de nombreux dictateurs: sur une gravure ornée de tous les symboles imaginables du communisme, le visage de Monsieur Rákosi nous sourit aimablement (p. 38).

Au milieu des années 50, la RDA fait tout pour s'établir sur la scène internationale. Comme les nations industrielles occidentales se refusent toujours à reconnaître diplomatiquement la zone soviétique, on lance des ballons d'essai en direction des pays en voie de développement d'Asie et d'Afrique. En novembre 1955, des délégations gouvernementales est-allemandes dirigées par le vice-Premier ministre et Ministre du Commerce extérieur Heinrich Rau, se rendent aux Indes et en Egypte (p. 48/49), en janvier 1956 suivent des voyages au Liban, au Soudan et en Syrie.

Les contacts avec ces Etats non-communistes et tous les autres ne se font pas dans le cadre de relations diplomatiques officielles. La République Fédérale peut imposer largement sa prétention à l'exclusivité sur la scène internationale. La RFA s'appuie sur la doctrine Hallstein et tous les Etats reconnaissant la

Group of figures: miners,
Czechoslovakia 1952
Gift from Czechoslovak President Klement Gottwald to Wilhelm Pieck
Glass
4 x 12 x 4 cm (each)

Bergarbeiterfiguren,
ČSSR 1952
Geschenk des tschechoslowakischen Staatspräsidenten Klement Gottwald an Wilhelm Pieck
Glas
4 x 12 x 4 cm (jede)

Les Mineurs, République de Tchécoslovaquie 1952
Cadeau du Président de la République tchécoslovaque Klement Gottwald à Wilhelm Pieck
Verre
4 x 12 x 4 cm (pour chaque élément)

Sándor Petöfi, Hungary 1952
Tapestry. Gift from Hungarian
Prime Minister Mátyás Rákosi
to Wilhelm Pieck
Wool
80 x 180 cm

Sándor Petöfi, Ungarn 1952
Wandteppich. Geschenk des
ungarischen Ministerpräsidenten
Mátyás Rákosi an Wilhelm Pieck
Wolle
80 x 180 cm

Sándor Petöfi, Hongrie 1952
Tapis mural. Cadeau du Premier
ministre hongrois Mátyás Rákosi
à Wilhelm Pieck
Laine
80 x 180 cm

Desk calendar, India 1959
Gift from the Indian National
Committee for Cultural Relations
to Otto Grotewohl on the
occasion of his visit in January
1959
Wood
29.5 x 22 cm

Tischkalender, Indien 1959
Geschenk des indischen National
Committee for Cultural Relations
an Otto Grotewohl anläßlich
seines Besuches im Januar 1959
in Indien
Holz
29,5 x 22 cm

Calendrier de table, Inde 1959
Cadeau du National Committee
for Cultural Relations indien à
Otto Grotewohl lors de sa visite
en janvier 1959
Bois
29,5 x 22 cm

mate Germany; and, under the Hallstein Doctrine, states that recognised the GDR would be threatened with the breaking-off of diplomatic relations. Till well into the 1960s, therefore, the political clout and regained economic power of the Federal Republic effectively curtailed the presence of the GDR on the foreign policy stage, limiting East Germany's relations to the Warsaw Pact countries and a few other non-aligned countries with Communist leanings or with reasons to insist on their own national sovereignty. The only country to begin diplomatic relations with the GDR, and thus to provoke and accept the inevitable response in Bonn, was the former Federal People's Republic of Yugoslavia, in October 1957.

The years 1957 and 1958 laid the foundation for an East German reputation in foreign relations. Leaders of all the signatory states of the Warsaw Pact (1955), and indeed of far-off Mongolia too, visited their comrades in East Berlin. And in January 1957, an official GDR delegation, described as a »Party and state delegation«, travelled to the Soviet Union. The phrasing reflects the hierarchical thinking that had been introduced in the Soviet Union after the death of Stalin, and copied by the USSR's East European satellites: Party boss Walter Ulbricht, as First Secretary of the Central Committee of the SED, ranked ahead of Otto Grotewohl, chairman of the Council of Ministers and indeed head of the East German government.

In early 1959, Grotewohl embarked on the most protracted of his travels abroad. In addition to China and Vietnam, he visited the United Arab Republic (at that time, a union of Egypt and Syria under Egyptian leadership), Iraq, and India. These visits were the first a GDR Prime Minister had paid to countries that were not signatory members of the East European alliance. Beside talks on the further development of relations with government leaders in the countries he was visiting, Grotewohl also met various trade union organizations. A reception given for the delegation by the »Delhi Printers' Association«, for instance, was immortalized in a jewellery box made of precious wood and featuring a carved picture of the Taj Mahal (p. 21), together with the obligatory documentation. The Secretary General of the National Committee for Indian Cultural Relations gave Grotewohl a desk diary (p. 20). Both gifts have a national, folklorist flavour, and are politically neutral, suggesting that, while the guest was being honoured, his political stance was not ne-

Official Gifts | Regierungsgeschenke | Cadeaux des gouvernements

handel, Heinrich Rau, in Indien und Ägypten (S. 48/49); im Januar 1956 folgten Reisen in den Libanon und den Sudan sowie nach Syrien.

Die Kontakte zu diesen und allen anderen nichtkommunistischen Staaten bewegten sich jedoch unterhalb der Ebene offizieller diplomatischer Beziehungen. Die Bundesrepublik konnte ihren Alleinvertretungsanspruch auf dem internationalen Parkett weitestgehend durchsetzen. Mittels der Hallsteindoktrin wurde allen Staaten, die die DDR anerkannten, mit dem Abbruch der diplomatischen Beziehungen gedroht. Das politische Gewicht und die wirtschaftliche Kraft der Bundesrepublik beschränkten damit bis weit in die 60er Jahre hinein die außenpolitische Präsenz der DDR auf die Staaten des Warschauer Vertrages und auf einige wenige kommunistisch orientierte oder ihre nationale Souveränität demonstrierende Staaten außerhalb des Ostblocks. Lediglich die damalige Föderative Volksrepublik Jugoslawien nahm im Oktober 1957 diplomatische Beziehungen zur DDR auf und nahm damit die exemplarische Reaktion Bonns in Kauf.

Die Jahre 1957-58 brachten der DDR außenpolitische Reputation. Führende Persönlichkeiten aller Staaten des 1955 geschlossenen Warschauer Paktes, ja sogar Repräsentanten aus der fernen Mongolei besuchten ihre Genossen in (Ost-)Berlin. In die Sowjetunion reiste im Januar 1957 eine offizielle Abordnung der DDR erstmals als Partei- und Staatsdelegation. Die Bezeichnung spiegelt die Hierarchie wider, die nach Stalins Tod in der Sowjetunion eingeführt und von den osteuropäischen Satelliten übernommen wurde. Dementsprechend rangierte der Parteichef Walter Ulbricht als Erster Sekretär des ZK der SED vor dem Regierungschef Otto Grotewohl als Vorsitzendem des Ministerrates.

Grotewohl begab sich Anfang 1959 auf seine längste Auslandsreise. Neben China und Vietnam besuchte er auch die Vereinigte Arabische Republik (ägyptisch-syrischer Staatenbund unter Führung Ägyptens), den Irak und Indien. Dies waren die ersten offiziellen Staatsbesuche des DDR-Ministerpräsidenten außerhalb des osteuropäischen Bündnisses. Neben Gesprächen mit den führenden Vertretern der Gastgeberländer über den Ausbau der Beziehungen gab es natürlich zahlreiche Begegnungen mit verschiedenen gesellschaftlichen Organisationen. Aus dem Nachlaß von Grotewohl erinnert ein Schmuckkästchen aus Edelholz mit einer geschnitzten Abbil-

RDA sont menacés de la rupture des relations diplomatiques. Jusqu'aux années 60, le poids politique et la force économique de la République Fédérale contraignent ainsi la RDA à limiter sa présence politique aux Etats du Pacte de Varsovie et à quelques rares Etats orientés sur le communisme ou démontrant leur souveraineté nationale à l'extérieur du bloc communiste. Seule la République socialiste fédéraliste de Yougoslavie engage des relations diplomatiques avec la RDA sans se soucier des réactions de Bonn.

Durant les années 1957-58, la RDA commence à compter en politique étrangère. Des dirigeants de tous les Etats du Pacte de Varsovie conclu en 1955, et même des représentants de la lointaine Mongolie rendent visite à leurs camarades de Berlin(-Est). En janvier 1957, une députation officielle de la RDA se rend pour la première fois en tant que «délégation du Parti et de l'Etat» en Union soviétique. Cette dénomination traduit le système hiérarchique introduit en Union soviétique après la mort de Staline et adopté par les Etats-satellites est-européens. Le chef de parti Ulbricht, Premier Secrétaire du Comité central du SED, se situe alors au-dessus du chef de gouvernement Grotewohl, Président du Conseil des Ministres. Ce dernier entreprend début 1959 son plus long voyage à l'étranger. A côté de la Chine et du Viêt-nam il visite la République arabe unie, l'Irak et l'Inde. Il s'agit des premières visites officielles du Premier Ministre de la RDA à l'extérieur de l'union est-européenne. Elles donnent lieu à des conversations portant sur un développement des relations avec les dirigeants des pays-hôtes et naturellement aussi à de nombreuses rencontres avec diverses organisations. Parmi les objets laissés par Grotewohl, une cassette en bois précieux sculpté à l'image du Tadj Mahal, le monument national indien, et la missive correspondante, nous rappellent la réception de la délégation est-allemande chez la «Delhi Printers' Association» (p. 21). L'invité reçoit du Secrétaire général du comité national pour les relations culturelles indiennes un calendrier de table (p. 20). Les deux présents sont ornés de motifs folkloriques nationaux et témoignent de la considération éprouvée pour l'invité, sans manifester une concordance de vues politiques. La neutralité des cadeaux indiens exprime la tentative du pays d'entretenir des relations amicales avec tous les Etats quels que soient leurs statuts de société.

Lorsque Wilhelm Pieck meurt, le 7. 9. 1960 à l'âge de

Friedrich Engels, GDR 1954
Sculpture by the artist
Otto Maerker
Plaster
32 x 48 x 36 cm

Friedrich Engels, DDR 1954
Plastik des Künstlers
Otto Maerker
Gips
32 x 48 x 36 cm

Friedrich Engels, RDA 1954
Moulage du sculpteur
Otto Maerker
Plâtre
32 x 48 x 36 cm

cessarily being shared. This neutrality of tone reflects India's endeavours of that period to maintain friendly relations with other countries everywhere, regardless of their socio-political systems.

When Wilhelm Pieck died, on 7 September 1960, at the age of 84, the office of GDR President – which had in any case become more a personal honorific rather than a significant political office – was abolished. The Council of State was henceforth the most senior body in East Germany; and SED boss Walter Ulbricht was »elected« to the Council's chair. One of his very first acts in office was the fortification of the border between the two Germanies. Building the Wall may possibly have helped the GDR survive as a state in the medium term, but it did nothing whatsoever to improve East Germany's political standing. A country that wishes to demonstrate its openness, and to win international respect, is ill-advised to wall itself in. And, consistently enough, the GDR performed poorly in the foreign arena over the years ahead. All the Deutsches Historisches Museum has to show for this period are mementoes of the usual »friendship visits« in the Soviet Union (p. 41).

Then, in February 1965, Ulbricht's finest hour arrived when President Gamal Abd el Nasser invited him to what was then still the United Arab Republic. It was the first time a GDR head of state had visited a non-Soviet bloc country. The East German media were beside themselves, and »Neues Deutschland« ran headlines reporting the cheering with which Walter Ulbricht was met in Cairo: »A 21-gun salute on the banks of the Nile«, declared the paper, »spelled the beginning of the end for Bonn«. Among the souvenirs Ulbricht returned home with was a silver-framed, hand-signed portrait of the Egyptian President (p. 24). In September 1966 Ulbricht once again went on his official travels, this time to Yugoslavia, where one of the presents he received was a copper tea service (p. 25). A month after, a GDR government delegation visited the »star« town of Svesdograd: a piece emblazoned with space travel motifs recalls the occasion.

East Germany was trying to counter its isolation by courting national liberation movements in the Third World, and the young nations there. Whenever nationalist forces of self-styled revolutionaries scored a success in a developing country, the GDR hailed it as an »anti-imperialist revolution«, promptly recognised the

dung des indischen Nationaldenkmals Tadsch Mahal und einem dazugehörigen Schreiben an einen Empfang der DDR-Delegation bei der »Delhi Printers' Association« (S. 21). Vom Generalsekretär des Nationalkomitees für kulturelle Beziehungen Indiens bekam der Staatsgast einen Tischkalender überreicht (S. 20). Beide Präsente sind von nationalen folkloristischen Motiven geprägt und zeugen von der Ehrerbietung gegenüber dem Gast, ohne diesem eine Übereinstimmung in politischen Fragen zu bekunden. Die Neutralität der Geschenke aus Indien spiegelt das Bestreben des Landes wider, zu allen Staaten, gleich welcher Gesellschaftsordnung, freundschaftliche Beziehungen zu unterhalten.

Als Wilhelm Pieck am 7. September 1960 im Alter von 84 Jahren starb, wurde das Präsidentenamt – zuletzt ohnehin nur noch ein personengebundener Ehrenposten ohne politische Bedeutung – abgeschafft. An die Spitze des Staates trat der Staatsrat, als dessen Vorsitzender SED-Chef Walter Ulbricht »gewählt« wurde. Gleich zu Beginn seiner Amtszeit ließ er eine Befestigung der innerdeutschen Staatsgrenze errichten. Der sogenannte Mauerbau sicherte zwar bis auf weiteres die staatliche Existenz der DDR, förderte aber nicht gerade deren politisches Ansehen. Ein Staat, der Weltoffenheit demonstrieren will und um internationale Anerkennung ringt, kann sich nicht einmauern. Folgerichtig blieben in den nächsten Jahren spektakuläre außenpolitische Erfolge aus. Dem DHM sind lediglich von einem der traditionellen »Freundschaftsbesuche« in der Sowjetunion Erinnerungsstücke überliefert (S. 41).

Im Februar 1965 schlug für Ulbricht dann eine große Stunde: Auf Einladung von Präsident Gamal Abd el Nasser besuchte er die damalige Vereinigte Arabische Republik. Es war der erste offizielle Staatsbesuch eines DDR-Staatsoberhauptes in einem Land außerhalb des Ostblocks; die Medien der DDR überschlugen sich fast vor Begeisterung: »Hochrufe auf Walter Ulbricht in Kairo« und »21 Salutschüsse am Nil künden von Bonns Niederlage«, formulierte das »Neue Deutschland«. Der Triumph wurde gleichzeitig als Niederlage der Bundesrepublik gefeiert. Als Erinnerungsgeschenk brachte Ulbricht u. a. ein in Silber gerahmtes, handsigniertes Porträt des ägyptischen Präsidenten mit (S. 24). Ein weiterer Staatsbesuch führte Ulbricht im September 1966 nach Jugoslawien, wo er u. a. mit einem kupfernen Teeservice beschenkt wurde

84 ans, sa fonction, tout au plus honorifique, est abolie au profit de la constitution d'un Conseil d'Etat, dont Walter Ulbricht, chef du SED, sera «élu» Président. Son premier souci est de faire fortifier la frontière intérieure allemande. Si la construction du Mur de Berlin assure jusqu'à nouvel ordre l'existence de la RDA en tant qu'Etat, elle ne favorise pas vraiment son crédit politique. Un Etat qui veut démontrer son ouverture sur le monde et sollicite la reconnaissance internationale, ne peut pas s'emmurer. Conséquence logique: on ne consigne aucun succès spectaculaire sur le plan de la politique extérieure dans les années qui suivent. Ne sont parvenus au Deutsches Historisches Museum que des souvenirs d'une des «visites d'amitié» traditionnelles en Union soviétique (p. 41).

En février 1965, l'heure a sonné pour Walter Ulbricht. Sur l'invitation du Président Gamal Abd el Nasser, il visite la République arabe unie. C'est la première visite officielle d'un dirigeant de la RDA dans un pays non-socialiste, et les médias est-allemands de s'enthousiasmer: «Walter Ulbricht acclamé au Caire» et «21 coups de canon sur le Nil témoignent de la défaite de Bonn». Ce triomphe exprime en même temps la joie de voir la défaite de la République fédérale. Ulbricht rapporte en souvenir un portrait du Président égyptien et signé par lui, dans un cadre d'argent (p. 24). En septembre 1966, Ulbricht se rend en Yougoslavie où on lui offre, entre autres, un service à thé en cuivre (p. 25). Un mois plus tard, une délégation gouvernementale de la RDA peut se rendre en visite officielle à Svesvograd, la «petite ville des étoiles». On lui remet une figure décorée de motifs de la conquête spatiale. La RDA tente de contrer l'isolation politique que le Mur a encore approfondie, en se rapprochant des mouvements de libération nationale et des jeunes Etats du tiers monde. Chaque fois que des militaires aux idées nationalistes et se voulant révolutionnaires s'insurgent dans les pays africains et asiatiques, la RDA crie à la «révolution anti-impérialiste», reconnaît sans tarder les nouveaux gouvernements et invite leurs représentants à lui rendre visite. Les coups manqués ne sont pas rares, vu que sous le manteau du «héros de la révolution» se cache parfois la sombre figure du dictateur. Le 25 mai 1969, le général Mohammed Gaafar Nemeyri se propulse à la tête du Soudan avec son «conseil révolutionnaire». Le lendemain déjà, le nouveau gouvernement de

Gamal Abd el Nasser,
UAR 1965
Gift from Gamal Abd el Nasser to
Walter Ulbricht on the occasion
of his state visit to the United
Arab Republic in March 1965
Paper, glass and silver
20 x 26 cm

Gamal Abd el Nasser,
VAR 1965
Geschenk Nassers an Walter
Ulbricht anläßlich seines Staats-
besuches in der Vereinigten
Arabischen Republik im März
1965
Papier, Glas, Silber
20 x 26 cm

Gamal Abd el Nasser,
République arabe unie 1965
Cadeau de Nasser à Walter
Ulbricht à l'occasion de la visite
officielle de celui-ci en RAU en
mars 1965
Papier, verre, argent
20 x 26 cm

new regime, and invited its representatives to East
Germany. Not infrequently, these instant offers proved
to be diplomatically counter-productive, and more than
one revolutionary »hero« turned out to be merely
another grim dictator. On 25 May 1969, Jaffar Muhammad An Numairi and his »Revolutionary Command«
pulled off a top-level putsch in the Sudan – and the
new regime in Khartoum began diplomatic relations
with the GDR the very next day. The cheers in East
Berlin were doubtless spontaneous and deafening,
and the Federal Republic's claim to be the sole
legitimate Germany had been signally trounced. The
euphoria peaked when Numairi became the first head
of a non-socialist state to visit the GDR, in July 1970.
»Neues Deutschland« devoted a full eleven pages to
the five-day visit. The »eternal friendship« of the
peoples of East Germany and the »revolutionary
Sudan« was soon to be sullied, however: in July 1971
Numairi banned the Communist Party and trade
unions in the Sudan and had the leaders executed. So
much for his chance of immortality among the Museum für Deutsche Geschichte's exhibits.

In the Sixties and Seventies, numerous meetings at
the highest level took place between the GDR and the
former Democratic Republic of (North) Vietnam. These
primarily involved discussion of East German aid to
North Vietnam. The Vietnamese gifts symbolized the
heroic struggles of the Vietnamese army and people
against American intervention; not infrequently they
were made of fragments of shot-down U.S. bombers,
or other relics eloquent of triumph over the invading
forces. A small sculpture, for instance, shows a Soviet
MiG 21 in victorious aerial combat with a U.S.A.F.
fighter (p. 55), while another portrays a young female
soldier in the Vietnamese People's Army taking an
American pilot prisoner (p. 54). This latter was in fact
based on a photograph that was seen in the press
worldwide; it has been treated as an allegorical version
of David's triumph over Goliath. A piece of the 1,500th
U.S. aircraft to be shot down over Vietnam was lovingly
mounted in a little shrine and presented to Walter
Ulbricht, in the name of President Ho Chi Minh, by the
Vietnamese ambassador to East Germany (p. 29). A
vase given to Willi Stoph in March 1973 was made out
of a shell case (p. 54).

A trophy of Fidel Castro's revolutionary struggle
against opponents at home in Cuba and abroad has
survived too: the uniform tunic of a soldier taken priso-

Walter Ulbricht talking to Gamal
Abd el Nasser.

Walter Ulbricht im Gespräch mit
Gamal Abd el Nasser.

Walter Ulbricht en conversation
avec Gamal Abd el Nasser.

Official Gifts | Regierungsgeschenke | Cadeaux des gouvernements

(S. 25). Einen Monat später durfte eine Regierungs-delegation der DDR das »Sternenstädtchen« Swesdograd besuchen. An dieses Ereignis erinnert eine Plastik mit Motiven aus der Weltraumfahrt.

Die DDR versuchte, ihrer außenpolitischen Isolation durch eine starke Hinwendung zu den nationalen Befreiungsbewegungen und den jungen Staaten der Dritten Welt zu begegnen. Sie begrüßte jeden erfolgreichen Aufstand national gesinnter und sich revolutionär gebärdender Militärs in den Entwicklungsländern als »antiimperialistische Revolution«, erkannte die neuen Regierungen unverzüglich an und lud ihre Repräsentanten in die DDR ein. Nicht selten erwiesen sich diese Offerten jedoch als diplomatischer Fehlschlag; manch einer der »Helden der Revolution« entpuppte sich schon bald als finsterer Diktator.

Am 25. Mai 1969 putschte sich Dschafar Muhammad An Numairi mit seinem »Revolutionären Kommando-rat« an die Spitze des Sudan; nur einen Tag später nahm die neue Regierung in Khartum diplomatische Beziehungen mit der DDR auf. Welch ein Jubel in (Ost-)Berlin! Der Alleinvertretungsanspruch der Bundesrepublik hatte einen schweren Schlag erlitten. Die Euphorie erreichte ihren vorläufigen Höhepunkt, als Numairi im Juli 1970 als erstes Staatsoberhaupt eines nichtsozialistischen Landes die DDR besuchte. Die Tageszeitung »Neues Deutschland« widmete dem fünftägigen Besuch insgesamt elf volle Seiten. Die »unverbrüchliche Freundschaft« zwischen den Völkern der DDR und dem »revolutionären Sudan« wurde jedoch schon bald getrübt. Im Juli 1971 ließ Numairi in seinem Land die kommunistische Partei und die Gewerkschaften verbieten und ihre Führer hinrichten. Damit hatte er seine Chance vertan, im Museum für Deutsche Geschichte ausgestellt zu werden.

In den 60er und 70er Jahren gab es zahlreiche Begegnungen auf höchster Ebene zwischen der DDR und der damaligen Demokratischen Republik Vietnam. Im wesentlichen ging es um die Koordinierung der Hilfe der DDR für die vietnamesische Regierung. Die Gastgeschenke aus Vietnam symbolisieren den Kampf der vietnamesischen Armee und des gesamten Volkes gegen die amerikanische Intervention. Häufig wurden zu ihrer Herstellung Teile abgeschossener amerikanischer Bomber oder andere Zeichen des Triumphes über die Interventionstruppen verwandt. So zeigt eine Kleinplastik eine sowjetische MiG 21 im siegreichen Luftkampf mit einem Jagdflugzeug der US-Air-Force

Khartoum noue des contacts diplomatiques avec la RDA. A Berlin(-Est), c'est le ravissement! On vient de porter un coup rude aux prétentions de la RFA qui se veut Etat unique. L'euphorie atteint son point culminant quand Nemeyri se rend en visite officielle en RDA, il sera le premier chef d'Etat d'un pays non-socialiste à le faire. Le quotidien «Neues Deutschland» consacre onze pages à cette visite de cinq jours. Cette «amitié invulnérable» entre les peuples de la RDA et le «Soudan révolutionnaire» sera vite troublée: en juillet 1971, Nemeyri fait interdire dans son pays le Parti communiste et les syndicats, et fait exécuter les leaders. Il n'a plus aucune chance de voir ses présents exposés au Museum für Deutsche Geschichte!

Au cours des années 60 et 70, on assistera à de nombreuses rencontres des plus hauts fonctionnaires de la RDA et de la République Démocratique du Viêt-nam, comme elle s'appelait à l'époque. Il s'agit essentiellement d'organiser l'aide de la RDA au gouvernement vietnamien. Les pièces exposées symbolisent le combat de l'armée et du peuple vietnamiens contre les intervenants américains. Elles contiennent souvent des fragments de bombardiers américains abattus ou d'autres signes de succès obtenus sur les troupes américaines. Une petite figure montre un Mig 21 soviétique sortant victorieux d'un combat avec un avion de chasse de la US Air Force (p. 55), une autre composition représente l'arrestation d'un pilote américain, son avion vient d'être abattu, par une jeune combattante de l'armée populaire vietnamienne (p. 54). Il s'agit ici de la reproduction plastique d'une photo de presse parue dans le monde entier – une allégorie au triomphe de David sur Goliath. La RDA reçoit aussi un fragment du 1500ème avion américain abattu au-dessus du Viêt-nam. Il sera amoureusement disposé dans un petit coffret et l'ambassadeur vietnamien l'offrira à Walter Ulbricht au nom du Président Hô Chi Minh (p. 29). Un vase offert à Willi Stoph en mars 1973 a été fabriqué à partir d'une douille de projectile (p. 54).

Un autre trophée du combat révolutionnaire nous vient de Cuba et témoigne de la lutte de Fidel Castro contre ses adversaires à l'intérieur du pays et à l'étranger. Il s'agit de la veste de l'uniforme d'un mercenaire capturé en septembre 1961 lors de la tentative d'invasion de la Baie des Cochons (p. 28). Il est impossible de vérifier les légendes dont sont entourés de tels objets, mais on devrait contempler ces souvenirs du combat d'un petit peuple contre un adversaire

Tea service, Yugoslavia 1965
Gift from the Republic of
Yugoslavia to Walter Ulbricht
Copper and china
Ø 25 x 12 cm

Teeservice, Jugoslawien 1965
Geschenk aus der SFR
Jugoslawien an Walter Ulbricht
Kupfer, Porzellan
Ø 25 x 12 cm

Service à thé, Yougoslavie 1965
Cadeau de la République
socialiste fédérative de
Yougoslavie à Walter Ulbricht
Cuivre, porcelaine
Ø 25 x 12 cm

Urho Kekkonen, Finland 1977
Gift from Finnish President Urho
Kekkonen to Erich Honecker on
the occasion of his state visit to
the GDR in September 1977
Paper, glass and leather
33.5 × 39.5 cm

Urho Kekkonen, Finnland 1977
Geschenk des finnischen
Staatspräsidenten an Erich
Honecker anläßlich seines
Staatsbesuches in der DDR im
September 1977
Papier, Glas, Leder
33,5 × 39,5 cm

Urho Kekkonen, Finlande 1977
Cadeau du Président de la
République finnoise, Urho
Kekkonen, à Erich Honecker à
l'occasion de sa visite officielle
en RDA en septembre 1977
Papier, verre, cuir
33,5 × 39,5 cm

ner in September 1961 when the U.S. attempted an
invasion at the Bay of Pigs (p. 28). The legends that
attach to such trophies cannot, needless to say, be
investigated in any detail. Still, these mementoes of
smaller people's struggles against a mighty opponent
should be viewed rather differently from the overblown
symbolic gifts, ultimately vapid, made by other socialist
countries.

In May 1971, Ulbricht retired from his post as First
Secretary of the SED Central Committee, and was
replaced by Erich Honecker. The advent of Honecker
as the head of the Party, and thus the most powerful
man in the GDR, coincided with the heyday of the
Bonn coalition of social democrats and liberals, and
was in part a reaction to the new »Ostpolitik« of the
Brandt/Scheel government. A new era in relations
between the two Germanies was now inaugurated.
The two heads of government, Willy Brandt and Willi
Stoph, had already met twice in 1970, and negotiations
relating to a transport agreement were in progress.
The Federal Republic abandoned the Hallstein Doctrine, by way of demonstrating the earnest of its endeavours to put relations with East Germany on a new
footing of détente. Once the treaty of December 1972
had been signed between the two Germanies, the
GDR was able to take up diplomatic relations with almost every country in the world. In September 1973,
both German states were accepted into the United
Nations – the apotheosis of East German aims in
foreign policy. At last, the GDR was seen as an equal
partner in the international arena.

This, apparently, was not yet enough. From the
mid–70s on, Honecker and his government embarked
upon a programme of travel and receptions that would
have crippled the budget of a greater state – to keep
an East German presence before the public eye. In the
course of his career as head of the Party, and (from
October 1976) head of state, Honecker visited no
fewer than 38 states and received 50 foreign heads of
state or government as guests in the GDR. In 1977
alone, Honecker paid official visits to Yugoslavia,
Rumania, Poland, Bulgaria, Vietnam, the Philippines,
and North Korea. In the same year he received visits
from the heads of state or government of Hungary,
Sao Tome and Principe, Mongolia, Laos, Poland,
Rumania, Bulgaria, Vietnam, Finland, Czechoslovakia
and the Congo.

All of these state visits provided a veritable feast for

(S. 55); eine weitere Komposition stellt die Gefangen-
nahme eines abgeschossenen US-Piloten durch eine
junge Kämpferin der vietnamesischen Volksarmee dar
(S. 54). Es handelt sich dabei um die plastische Umsetzung eines Pressefotos, das um die Welt ging – eine
Allegorie auf den Triumph Davids über Goliath. Ein
Stück des 1500. über Vietnam abgeschossenen US-
Flugzeuges wurde liebevoll in einem kleinen Schrein
aufgestellt und vom vietnamesischen Botschafter im
Namen von Präsident Ho Chi Minh an Walter Ulbricht
übergeben (S. 29). Eine im März 1973 Willi Stoph
präsentierte Vase war aus einer Geschoßhülse
hergestellt worden (S. 54).

Auch aus Kuba ist uns eine Trophäe aus dem revolutionären Kampf Fidel Castros gegen seine in- und
ausländischen Gegner überliefert: die Uniformjacke
eines beim Invasionsversuch in der Schweinebucht im
September 1961 gefangengenommenen Söldners
(S. 28).

Natürlich lassen sich die Legenden, die sich um
solche Trophäen ranken, nicht im Detail überprüfen.
Jedoch sollte man diese Erinnerungsstücke an den
Kampf eines kleinen Volkes gegen einen übermächti-
gen Gegner mit anderen Augen betrachten als die
vielen symbolüberladenen, aber letztendlich inhalts-
losen Repräsentationsgeschenke anderer sozialisti-
scher Länder.

Im Mai 1971 mußte Ulbricht von seiner Funktion als
Erster Sekretär des ZK der SED zurücktreten; den
Posten übernahm Erich Honecker. Sein Amtsantritt als
Parteichef und damit als mächtigster Mann im Staat
fiel in die Blütezeit der sozial-liberalen Koalition in
Bonn und war nicht zuletzt eine Reaktion auf die neue
Ostpolitik der Brandt-Scheel-Regierung. Eine neue
Etappe der deutsch-deutschen Beziehungen war
eingeleitet: Die Regierungschefs Willy Brandt und Willi
Stoph hatten sich bereits 1970 zweimal getroffen; Ver-
handlungen über ein Verkehrsabkommen waren im
Gang. Ihr Bemühen um eine Entspannung der Beziehungen zur DDR demonstrierte die Bundesregierung,
indem sie die Hallsteindoktrin fallenließ. Nach der Unterzeichnung des Grundlagenvertrages im Dezember
1972 nahm die DDR innerhalb weniger Monate diplomatische Beziehungen zu fast allen Staaten der Erde
auf. Mit der Aufnahme beider deutscher Staaten in die
UNO im September 1973 war die DDR endgültig am
Ziel ihrer außenpolitischen Wünsche: Sie war zu einem
gleichberechtigten Partner in der internationalen

beaucoup plus puissant d'un autre œil que les nombreux cadeaux ruisselants de symboles, mais en fin de compte dépourvus de signification, d'autres pays socialistes.

En mai 1971, Walter Ulbricht doit démissionner de son poste de Premier Secrétaire du Comité central du SED, il est remplacé par Erich Honecker. L'entrée en fonction de ce dernier en tant que chef de parti et donc d'homme le plus puissant de l'Etat, coïncide avec l'époque de l'épanouissement de la coalition socio-libérale à Bonn et est aussi une réaction face à la politique du gouvernement Brandt-Scheel. Une nouvelle ère des relations germano-allemandes s'ouvre, Willy Brandt et Willi Stoph se sont déjà rencontrés deux fois en 1970, des négociations sur un accord de circulation sont en cours. La République fédérale manifeste ses efforts pour relâcher la tension dans ses relations avec la RDA en abandonnant la doctrine Hallstein. Après la signature du Traité fondamental en décembre 1972, la RDA noue en quelques mois des relations diplomatiques avec presque tous les Etats de la planète. L'entrée des deux Etats allemands aux Nations unies en septembre 1973 marque le succès des efforts de la RDA qui devient une partenaire de droits égaux dans l'arène politique. Mais cela ne suffit pas encore. Le public doit avoir l'impression d'une sorte d'omniprésence internationale de la RDA. Pour ce faire, Honecker et son équipe développent à partir du milieu des années 70 un programme de déplacements et de réceptions qui ébranlerait le budget de n'importe quelle grande puissance. Au cours de son mandat en tant que leader du parti et, à partir d'octobre 1976, en tant que chef d'Etat, Honecker ne visitera pas moins de 38 pays et ne recevra pas moins de 50 chefs d'Etat ou de gouvernements étrangers. Rien qu'en 1977, Honecker se rend en mission officielle en Yougoslavie, en Roumanie, en Pologne, en Bulgarie, au Viêt-nam, aux Philippines et en Corée du Nord. En contrepartie, il reçoit les chefs d'Etat ou de gouvernement de Hongrie, Saõ Tomé et Príncipe, de Mongolie, du Laos, de Pologne, de Roumanie, de Bulgarie, du Viêt-nam, de Finlande, de Tchécoslovaquie et du Congo.

Ces visites officielles sont exploitées par les médias est-allemands qui offrent à la population une image déformée de l'importance internationale de la RDA. Le rôle du Museum für Deutsche Geschichte en ce qui concerne la propagande est, lui aussi, loin d'être négligeable. On lui fait régulièrement parvenir des souve-

Decorative plate, Finland 1974
Gift from the Finnish parliament to Willi Stoph on the occasion of his visit to Finland in October 1974
Silver
Ø 31 cm

Wandteller, Finnland 1974
Geschenk des finnischen Reichstages an Willi Stoph anläßlich seines Besuches in der Republik Finnland im Oktober 1974
Silber
Ø 31 cm

Assiette murale, Finlande 1974
Cadeau offert par la Diète finnoise à Willi Stoph à l'occasion de la visite de ce dernier en République finlandaise en octobre 1974
Argent
Ø 31 cm

Uniform jacket, USA/Cuba 1961
Gift from Raoul Castro to GDR
ambassador Joachim Hermann
Leinen
36 x 77 x 4 cm (in frame)

Uniformjacke, USA/Kuba 1961
Geschenk von Raoul Castro
an den Botschafter der DDR,
Joachim Hermann
Leinen
36 x 77 x 4 cm (Rahmen)

Veste d'uniforme,
Etats-Unis/Cuba 1961
Cadeau de Raoul Castro
à l'ambassadeur de la
RDA, Joachim Hermann
Lin
36 x 77 x 4 cm (cadre)

the East German media. They went to town, serving up the East German people a distorted image of the international significance of the GDR. And the Museum für Deutsche Geschichte had an important part to play in this propaganda process. In order that it might continually be showcasing further diplomatic »conquests« by the leadership of the Party and state, the museum was regularly supplied with mementoes from almost every country under the sun. And thus the holdings listed in the »Special Inventory« grew, without the museum's needing to do anything about it.

Erich Honecker was naturally punctilious about visiting brother states in the Communist bloc and receiving their representatives. The souvenirs exchanged in this process were generally of the banal, heavily symbolic kind already familiar from the 50s and 60s. Thus, for instance, when he visited the Cybernetics Institute at the USSR's Academy of Science, he was given a model of a robot, to symbolize the belief that the GDR and USSR, side by side, would overtake the West in cybernetics and automatization technology (p. 7).

The presents from the Soviet Union tended to combine traditional folk motifs with symbols and scenes of the revolutionary struggle. Simple replicas of tools or machine parts were typical gifts from heavy industries; items of this kind already featured among birthday presents to Wilhelm Pieck in the 30s (p. 97), and the phenomenon can be observed throughout the socialist world in the post-1945 period. Heroes of the Communist movement, rendered in each and every kind of visual art, were likewise a popular type of present for visitors from socialist countries (p. 6).

In October 1975, workers at the Kama car plant presented high-ranking visitors from the GDR with a copper relief of Ernst Thälmann (p. 30). It was clearly also common usage to present a distinguished guest with his own portrait. The most striking example of this is surely the portrait of Erich Honecker on an animal fell, presented to him during one of his visits to Ethiopia by Mengistu Haile Mariam (p. 31). Workers in the Soviet republic of Uzbekistan also surprised the First Secretary with an oil portrait of himself painted on china (p. 35).

Exhibits from Cuba similarly tend mainly to an ardent revolutionary symbolism. A plaque Erich Honecker was given by the Cuban scout organization on the occasion of a friendship visit in February 1974 illustrated Moncada and Granma, two locations

Arena geworden. Doch damit nicht genug. Um die internationale Präsenz der DDR in den Augen der Öffentlichkeit allgegenwärtig erscheinen zu lassen, entfalteten Honecker und seine Regierungsmannschaft ab Mitte der 70er Jahre eine Reise- und Empfangstätigkeit, die das Budget jeder Großmacht erschüttert hätte. Im Laufe seiner Amtszeit als Parteichef und ab Oktober 1976 auch als Staatsoberhaupt besuchte Honecker nicht weniger als 38 Staaten und empfing mehr als 50 ausländische Staatsoberhäupter bzw. Regierungschefs. Allein 1977 bereiste Honecker in offizieller Mission Jugoslawien, Rumänien, Polen, Bulgarien, Vietnam, die Philippinen und Nordkorea. Im Gegenzug empfing er die Staats- oder Regierungschefs von Ungarn, São Tomé und Príncipe, der Mongolei, von Laos, Polen, Rumänien, Bulgarien, Vietnam, Finnland, der ČSSR und des Kongo.

All diese Staatsbesuche wurden von den DDR-Medien ausgeschlachtet; der Bevölkerung präsentierte man ein Zerrbild von der internationalen Bedeutung der DDR. Auch dem Museum für Deutsche Geschichte fiel eine bedeutende propagandistische Rolle zu. Um stets die neuesten diplomatischen »Eroberungen« der Partei- und Staatsführung präsentieren zu können, wurde das Haus regelmäßig mit Erinnerungsstücken aus allen erdenklichen Ländern versorgt. So wuchs die Sammlung »Sonderinventar« − ohne Eigeninitiative des Museums.

Pflichtgemäß besuchte Erich Honecker auch alle Bruderstaaten und empfing deren Repräsentanten. Die dabei ausgetauschten Erinnerungsgeschenke reihen sich in die zumeist banalen, aber symbolträchtigen Schöpfungen der 50er und 60er Jahre ein. So wurde ihm anläßlich eines Besuchs im Kybernetischen Institut der Akademie der Wissenschaften der UdSSR das Modell eines Roboters überreicht, in dem sich der Glaube manifestiert, die DDR könne an der Seite der Sowjetunion den Westen auf dem Gebiet der Kybernetik und der Automatisierungstechnik überholen (S. 7).

Die Präsente der Sowjetunion verbinden häufig traditionelle Volkskunstmotive mit Symbolen und Bildern des revolutionären Kampfes. Simple Abbildungen von Geräten oder Maschinenteilen sind typisch für Repräsentationsgeschenke aus Betrieben der Schwerindustrie. Wir finden sie bereits auf Geburtstagsgeschenken für Wilhelm Pieck aus den 30er Jahren (S. 97). Nach 1945 ist dieses Phänomen in allen Ländern zu

◀
Moncada–Granma, Cuba 1974
Gift from the Cuban scout organization to Erich Honecker on the occasion of his state visit to Cuba
Wood and plastic
38.5 x 11.5 x 20 cm

nirs de tous les pays possibles et imaginables qui témoignent des «conquêtes» diplomatiques des dirigeants du Parti et de l'Etat. Et le Fonds grossit sans que le musée prenne d'initiatives particulières.

Comme il se doit, Erich Honecker se rend aussi dans les Etats-frères et reçoit leurs représentants. Les cadeaux échangés à cette occasion entrent dans la catégorie des créations banales mais riches en symboles des années 50 et 60. Lors d'une visite à l'Institut cybernétique de l'Académie des Sciences de l'URSS, on lui remet par exemple la maquette d'un robot qui traduit l'idée bien ancrée que la RDA peut, aux côtés de l'Union soviétique, surpasser l'Occident dans le domaine de la cybernétique et de la technique d'automatisation (p. 7). Les présents originaires d'Union soviétique allient souvent les motifs traditionnels de l'art populaire aux symboles et aux images de la lutte révolutionnaire. De simples illustrations d'outils ou de pièces de machines caractérisent les présents offerts par les entreprises de l'industrie lourde. Nous les trouvons déjà sur les cadeaux d'anniversaire des années 30 destinés à Wilhelm Pieck (p. 97). Après 1945, on observe ce phénomène dans tous les pays qui se sont voués à la cause du socialisme. Les héros du mouvement communiste, reproduits dans toutes les formes d'expression des beaux-arts, sont également un motif que l'on retrouve dans nombre de cadeaux des pays socialistes à leurs invités (p. 6). En octobre 1975, les travailleurs de l'usine automobile de la Kama offrent aux éminents invités est-allemands un ouvrage de cuivre estampé représentant Ernst Thälmann (p. 30). Il est courant d'offrir à son invité un cadeau orné de son portrait. L'exemple le plus frappant en est le portrait d'Erich Honecker sur une fourrure que lui offre Mengistu Haïlé Mariam lors de sa visite en Ethiopie (p. 31). Les travailleurs de la République soviétique d'Ouzbékistan étonneront le Président du Conseil d'Etat de la RDA en lui remettant son portrait à l'huile sur porcelaine (p. 35).

Les pièces originaires de Cuba sont le plus souvent empreintes d'un ardent symbolisme révolutionnaire. Une statue qu'Erich Honecker reçoit en février 1974 lors d'une visite amicale à une organisation de colons cubains, est ornée de la reproduction de «Moncada» et «Granma», deux endroits étroitement liés à la révolution cubaine. La date, 26.7., rappelle le jour de l'année 1953 où Fidel Castro attaqua avec ses fidèles la caserne Moncada, déclenchant ainsi la révolution. Le

Fragment of wreckage,
North Vietnam 1966
Gift from North Vietnamese President Ho Chi Minh to the government of the GDR, presented to Walter Ulbricht by the North Vietnamese ambassador
Steel, wood and glass
16.5 x 22 x 10 cm (in glass case)

Wrackteil,
Nordvietnam 1966
Geschenk des vietnamesischen Präsidenten Ho Chi Minh an die Regierung der DDR, überreicht durch den Botschafter der DRV an Walter Ulbricht
Stahl, Holz, Glas
16,5 x 22 x 10 cm (Vitrine)

Reste d'avion,
Viêt-nam du Nord 1966
Cadeau du Président Hô Chi Minh au gouvernement est-allemand, remis par l'ambassadeur de la République démocratique du Viêt-nam à Walter Ulbricht
Acier, bois, verre
16,5 x 22 x 10 cm (vitrine)

Moncada – Granma, Kuba 1974
Geschenk der kubanischen Pionierorganisation an Erich Honecker anläßlich seines Staatsbesuches in Kuba
Holz, Kunststoff
38,5 x 11,5 x 20 cm

Moncada – Granma, Cuba 1974
Cadeau de l'organisation des colons cubains à Erich Honecker lors de sa visite officielle à Cuba
Bois, plastique
38,5 x 11,5 x 20 cm

Felix Dzerzhinsky,
GDR 1980s
Commissioned by the Ministry for
State Security for the reception
hall of the Berlin district's
administration
Wool and wood
65 x 88 cm

Felix E. Dserschinski,
DDR 80er Jahre
Auftragswerk des Ministeriums
für Staatssicherheit für den
Festsaal der Berliner
Bezirksverwaltung
Wolle, Holz
65 x 88 cm

Felix Dzerjinski,
RDA années 80
Ouvrage commandé par le
Ministère de la Sécurité d'Etat
pour la Salle des Fêtes de
l'administration du district
de Berlin
Laine, bois
65 x 88 cm

Ernst Thälmann, USSR 1975
Gift from the workforce of a car
plant in the USSR to a GRD
Party and government delegation
Synthetic resin and copper
23 x 33.5 cm

Ernst Thälmann, UdSSR 1975
Geschenk der Werktätigen eines
Automobilwerks in der UdSSR
an eine Partei- und Regierungsdelegation der DDR
Kunstharz, Kupfer
23 x 33.5 cm

Ernst Thälmann, URSS 1975
Cadeau des ouvriers d'une
usine automobile d'URSS
à une délégation du Parti
et du gouvernement de
la RDA
Résine synthétique, cuivre
23 x 33.5 cm

intimately connected with the Cuban revolution. The date, 26.7., refers to the day on which Fidel Castro and his comrades stormed the Moncada barracks and sparked off the revolutionary process. The portrait in the middle of the plaque is that of poet and national hero José Martí. The inscription (a quotation from Castro) reads: »The importance of Moncada was not the event itself, which belongs to the past, but its meaning for the future« (p. 28).

For reasons connected with East Germany's international standing, Honecker was particularly keen on invitations from the West. In November 1980, he paid his first visit to a European capitalist country, the republic of Austria. A crystal cup presented by the Salzburg district government recalls the visit (p. 46). In May 1981, Honecker returned from Japan with the gown symbolizing the honorary doctorate conferred on him by Nihon University, Tokyo (p. 34). In April 1985, Honecker spent three days in Italy at the invitation of Prime Minister Bettino Craxi, and, since he was always anxious to present a tolerant, open-minded image to the world at large, he took the opportunity to call at the Vatican, where Pope John Paul II gave him an audience. A mosaic showing the Colosseum in Rome, made in the Vatican workshops, recalls the occasion (p. 32). When »Monsieur le Président Erich Honecker« visited the Paris Senate in January 1988 he was given a gilded plaque (p. 33).

In September 1987, one of Honecker's long-standing wishes was fulfilled when, in his capacity as chair of the GDR Council of State, he paid an official state visit to the Federal Republic, where he was received by Chancellor Helmut Kohl and President Richard von Weizsäcker with full honours. To the GDR's Party and state leadership, this visit was the crown and confirmation of their persistent efforts to have the existence of two separate, sovereign German states recognised once and for all. No other event on the foreign stage had ever seemed quite as important to the East German media. »Neues Deutschland« printed detailed accounts of every day's itinerary and every one of Honecker's meetings with prominent West Germans: even his encounter with rock star Udo Lindenberg, which cannot have lasted more than three minutes at most, was mentioned in the paper, which had the central status of the USSR's »Pravda«. Alas, the whereabouts of the guitar Lindenberg presented to Honecker are unknown. Perhaps it was used for a

beobachten, die sich dem Aufbau des Sozialismus verschrieben haben. Heroen der kommunistischen Bewegung in allen Ausdrucksformen der bildenden Kunst sind ebenfalls ein beliebtes Motiv für Gastgeschenke aus sozialistischen Ländern (S. 6). Die Werktätigen des Automobilwerks an der Kama überreichten den hohen Gästen aus der DDR im Oktober 1975 ein in Kupfer gehauenes Reliefbild von Ernst Thälmann (S. 30). Eine verbreitete Sitte war es auch, dem verehrten Gast ein Präsent mit dessen Porträt zu überreichen. Das markanteste Beispiel dafür ist das Konterfei von Erich Honecker auf einem Fell, das er bei einem seiner Besuche in Äthiopien von Mengistu Haile Mariam erhielt (S. 31). Auch die Werktätigen der Sowjetrepublik Usbekistan überraschten den Staats- und Parteichef der DDR mit dessen Porträt in Öl auf Porzellan (S. 35).

Die Exponate aus Kuba sind meist von einer glühenden revolutionären Symbolik geprägt. Auf einem Standbild, das Erich Honecker bei seinem Freundschaftsbesuch im Februar 1974 von der kubanischen Pionierorganisation geschenkt bekam, finden wir Abbildungen der Moncada und der Granma, zweier Orte, die auf das engste mit der kubanischen Revolution verbunden sind. Das Datum, 26.7., verweist auf den Tag, an dem Fidel Castro 1953 mit seinen Getreuen die Moncada-Kaserne überfiel und damit den Prozeß der Revolution einleitete. Das Porträt in der Mitte der Platte zeigt den Dichter und Nationalhelden José Martí. Die Aufschrift – ein Zitat von Fidel Castro – lautet: »Der Wert der Moncada besteht nicht in dem Ereignis, das in die Vergangenheit weist, sondern in dem, das in die Zukunft gerichtet ist« (S. 28).

Wegen der außenpolitischen Reputation legte Honecker besonderen Wert auf Einladungen aus dem Westen. Im November 1980 besuchte er erstmals ein kapitalistisches Land Europas, die Republik Österreich. Von diesem Besuch ist ein Kristallpokal als Geschenk der Salzburger Landesregierung überliefert (S. 46). Aus Japan brachte Honecker im Mai 1981 den Talar eines Ehrendoktors der Nihon-Universität Tokio mit (S. 34). Im April 1985 weilte der Staatsratsvorsitzende der DDR auf Einladung von Ministerpräsident Bettino Craxi drei Tage in Italien. Dort nutzte Honecker, der sich nach außen hin stets weltoffen und tolerant präsentierte, die Gelegenheit zu einem Abstecher in den Vatikan, wo er von Papst Johannes Paul II. empfangen wurde. Als Erinnerung an diese Audienz erhielt Honecker ein in den Werkstätten des Vatikans

portrait du poète et héros national José Martí orne le centre de la plaque. L'inscription, une citation de Fidel Castro, dit: «La valeur de la Mocada ne réside pas dans l'événement qui ramène au passé, mais dans celui qui s'oriente sur l'avenir» (p. 28).

Honecker veut cultiver son image à l'étranger et accorde une valeur particulière aux invitations des pays de l'Ouest. En novembre 1980, il se rend pour la première fois dans un pays capitaliste européen, la République d'Autriche. Une coupe en cristal, présent du gouvernement du Land de Salzbourg, témoigne de cette visite (p. 46). En mai 1981, Honecker rapporte du Japon la toge de docteur honoris causa de l'Université Nihon de Tokyo (p. 34). En avril 1985, le Président du Conseil d'Etat de RDA passe trois jours en Italie sur l'invitation du Premier Ministre Bettino Craxi. Erich Honecker, qui se montre toujours très ouvert et tolérant, profite de l'occasion pour se rendre au Vatican, où Jean-Paul II le recevra. Souvenir de cette audience chez le Pape: une mosaïque du Colisée romain fabriquée dans les ateliers du Vatican (p. 32). Le Sénat de Paris dédie à «Monsieur le Président Honecker» lors de sa visite en janvier 1988 une plaquette dorée (p. 33). En 1987, Honecker peut enfin réaliser ce qu'il souhaite depuis longtemps. En tant que Président du Conseil d'Etat de la RDA, il se rend en visite officielle en Allemagne fédérale où il est reçu avec les honneurs du protocole par le Chancelier Helmut Kohl et le Président Richard von Weizsäcker. Pour les dirigeants est-allemands, cette visite est le résultat des efforts obstinés de la RDA pour faire reconnaître définitivement l'existence de deux Etats allemands souverains. Les médias est-allemands n'ont jamais accordé autant d'importance à un événement de politique extérieure. Le journal «Neues Deutschland» rapporte minutieusement l'emploi du temps de Honecker et toutes ses rencontres avec des personnages publics d'Allemagne fédérale. Même l'entretien de trois minutes avec Udo Lindenberg est consigné dans l'organe central est-allemand. On ne sait malheureusement pas ce qu'est devenue la guitare que la star du rock a offert à Erich Honecker. Peut-être a-t-elle servi des fins aussi utiles que la célèbre veste de cuir mise en vente par l'émetteur de la jeunesse est-allemande DT 64 pour un projet de solidarité. La pièce la plus remarquable reçue lors de ce voyage, et qui est arrivée au Museum für Deutsche Geschichte, est une aquarelle représentant la maison natale de Friedrich Engels

Portrait of Honecker on the fell of a wild boar, a gift from Ethiopian President Mengistu Haile Mariam.

Porträt Honeckers auf einem Wildschweinfell, ein Geschenk des äthiopischen Präsidenten Mengistu Haile Mariam.

Portrait de Honecker sur une peau de sanglier, cadeau du président éthiopien Mengistu Haïlé Mariam.

Colloseo 1800, Italy 1985
Gift to Erich Honecker on the occasion of his audience with the Pope during his visit to Italy in April 1985
Ceramic and precious wood
62 x 38 cm (in frame)

Colloseo 1800, Italien 1985
Geschenk an Erich Honecker anläßlich seiner Audienz beim Papst in Italien im April 1985
Keramik, Edelholz
62 x 38 cm (Rahmen)

Colloseo 1800, Italie 1985
Cadeau offert à Erich Honecker à l'occasion de son audience chez le Pape en avril 1985
Céramique, bois précieux
62 x 38 cm (cadre)

Engels' birthplace, FRG 1983
Presented to Erich Honecker on the occasion of his visit to Wuppertal during the visit to West Germany in September 1987
Watercolour
46 x 49 cm (in frame)

Engels-Haus, BRD 1983
Geschenk an Erich Honecker anläßlich seines Aufenthaltes in Wuppertal im Rahmen seiner Reise in die Bundesrepublik im September 1987
Aquarell
46 x 49 cm (Rahmen)

La Maison de Friedrich Engels, RFA 1983
Cadeau offert à Erich Honecker à l'occasion de son séjour à Wuppertal dans le cadre de sa visite en RFA en septembre 1987
Aquarelle
46 x 49 cm (cadre)

cause as worthy as the rock star's famous leather jacket, which was auctioned off by DT 64, an East German radio station, to help fund a solidarity project. The most curious item acquired by the Museum für Deutsche Geschichte following Honecker's visit to West Germany was a watercolour of the birthplace of Friedrich Engels (p. 32).

Honecker not only revelled in foreign travel himself; he also enjoyed hosting the return visits which foreign leaders expected to pay to the GDR. In addition to heads of Party and state from other socialist countries, and representatives of various developing countries in Africa and Asia, the roll-call of eminent international statesmen and women who accepted his invitation to East Germany included Indira Gandhi, Urho Kaleva Kekkonen, Andreas Papandreou, Olof Palme and Bruno Kreisky. Mementoes of most of these visits have survived. In July 1976 Mrs. Gandhi, Prime Minister of India, gave Honecker a model of the Taj Mahal (p. 53), among other things. Kekkonen, the Finnish President, brought a leather-framed portrait of himself with a handwritten dedication to Erich Honecker (p. 26). A huge copper platter intended for hanging on a wall and asserting friendship between the GDR and the People's Republic of Mongolia burdened the baggage of Mongolian head of Party and state Yumshagiin Zedenbal (p. 56). A silver jewellery box and visiting card recall the visit by Greek Prime Minister Papandreou in July 1984 (p. 44). And Ali Nasser Mohammed, President of the Democratic Republic of Yemen (i.e. South Yemen), presented a replica of a mosque in Hyderabad (p. 51). Willi Stoph had already been given a completely identical model when he visited South Yemen in October 1976.

The western mementoes that have now entered the holdings of the Deutsches Historisches Museum are innocent of any political message. Instead, they tend to be craftwork, sometimes with personal dedications engraved on them or with cards attached as a reminder of the source or purpose of the gift. This lack of political content in the gifts underlines the principle of peaceful co-existence between East and West that was aimed at during the Cold War; no doubt Honecker and his fellows similarly forbore from giving their guests and hosts from non-socialist countries presents that made symbolic or verbal assurances of the imminent downfall of capitalism (pp. 46/47).

In addition to its relations with other states, the GDR

gefertigtes Mosaikbild des römischen Kolosseums (S. 32). Der Senat von Paris widmete »Monsieur le Président Erich Honecker« bei seinem Besuch im Januar 1988 eine vergoldete Plakette (S. 33).

Einen langgehegten Wunsch konnte sich Honecker im September 1987 erfüllen. In seiner Funktion als Vorsitzender des Staatsrates der DDR weilte er zu einem offiziellen Staatsbesuch in der Bundesrepublik Deutschland, wo er mit allen protokollarischen Ehren von Bundeskanzler Helmut Kohl und Bundespräsident Richard von Weizsäcker empfangen wurde. Die Partei- und Staatsführung der DDR betrachtete diesen Besuch als Ergebnis ihres beharrlichen Bemühens um die endgültige Anerkennung der Existenz zweier souveräner deutscher Staaten. Keinem außenpolitischen Ereignis war von den Medien der DDR jemals so viel Bedeutung beigemessen worden. Das »Neue Deutschland« berichtete minutiös über den Tagesablauf und jede Begegnung Honeckers mit Personen des öffentlichen Interesses in der Bundesrepublik. Selbst das maximal drei Minuten dauernde Treffen mit Udo Lindenberg fand im Zentralorgan Erwähnung. Über den Verbleib der von ihm überreichten Gitarre ist leider nichts bekannt. Vielleicht wurde sie einer ebenso sinnvollen Nutzung zugeführt wie die berühmte Lederjacke des Rockstars, die der DDR-Jugendsender DT 64 zugunsten eines Solidaritätsprojektes versteigerte. Das bemerkenswerteste Stück, das vom BRD-Besuch Honeckers ans Museum für Deutsche Geschichte gelangte, ist ein Aquarell des Geburtshauses von Friedrich Engels (S. 32).

Im Gegenzug zu seiner regen Reisetätigkeit legte Honecker natürlich auch Wert auf den Empfang von führenden Repräsentanten aus dem Ausland. Neben den Staats- und Parteichefs der sozialistischen Staaten und diversen Repräsentanten afrikanischer und asiatischer Entwicklungsländer folgten international anerkannte Persönlichkeiten wie Indira Gandhi, Urho Kaleva Kekkonen, Andreas Papandreou, Olof Palme und Bruno Kreisky seiner Einladung zu Besuchen in die DDR. Von der Mehrzahl dieser Visiten gibt es Erinnerungsstücke.

Die indische Ministerpräsidentin Gandhi überreichte im Juli 1976 u. a. ein Modell des Tadsch Mahal (S. 53), und der finnische Staatspräsident Kekkonen brachte ein lederumrahmtes Porträt mit einer handschriftlichen Widmung für Erich Honecker mit (S. 26). Ein riesiger kupferner Wandteller, auf dem die Freundschaft

(p. 32). Inversement, Honecker accorde évidemment de l'importance à la réception de dirigeants étrangers. A côté de chefs d'Etat ou de dirigeants de partis des Etats socialistes et divers représentants de pays africains et asiatiques en voie de développement, des personnalités de renommée internationale telles que Indira Gandhi, Urho Kekkonen, Andreas Papandreou, Olof Palme et Bruno Kreisky acceptent son invitation et lui rendent visite. Il reste des souvenirs de la plupart de ces visites. Le Premier Ministre Indira Gandhi par exemple lui remet en juillet 1976 une miniature du Tadj Mahal (p. 53), et le chef d'Etat finnois Kekkonen apporte un portrait dans un cadre de cuir avec dédicace manuscrite pour Erich Honecker (p. 26). Le Président Youmjaguin Tsedenbal amène une gigantesque assiette murale de cuivre portant une inscription qui invoque l'amitié entre la RDA et la République populaire de Mongolie (p. 56). Un coffret à bijoux argenté et une carte de visite rappellent la visite officielle du Premier Ministre grec Andreas Papandreou en juillet 1984 (p. 44). Le chef d'Etat du Yémen du Sud, Ali Nasser Mohamed, apporte une reproduction d'une mosquée de Haïderabad (p. 51). Willi Stoph avait reçu la même en octobre 1976 lors d'une visite en République démocratique et populaire du Yémen.

Les objets en provenance des pays occidentaux que recèle le Deutsches Historisches Museum n'ont pas de contenu politique. Il s'agit le plus souvent de pièces artisanales, dont l'origine et la destination sont indiquées par des dédicaces gravées ou des cartes de visite. Le caractère neutre des présents témoigne des principes de la coexistence pacifique entre les Etats de l'Est et de l'Ouest à l'époque où les systèmes s'affrontent. Honecker et ses camarades ont certainement renoncé eux aussi à offrir à leurs invités et hôtes originaires d'Etats non socialistes des cadeaux appelant symboliquement ou littéralement à l'abolition du capitalisme (p. 46/47).

La RDA entretient également des relations dynamiques avec des organisations internationales et des mouvements de libération nationaux. Elle sera l'un des premiers Etats à reconnaître dans l'Organisation de libération de la Palestine, l'OLP, la représentation légitime du peuple palestinien. Yasser Arafat et ses intimes s'y rendront régulièrement, bien avant que le monde occidental trouve le chef de l'OLP présentable et accepte de négocier avec lui. Une assiette de cuivre

République Française,
France 1988
Gift from the Senate of Paris to Erich Honecker on the occasion of his reception by the Lord Mayor of Paris
Brass, cardboard, velvet and silk
Ø 5 cm

République Française,
Frankreich 1988
Geschenk des Senats von Paris an Erich Honecker, überreicht durch den Oberbürgermeister von Paris
Messing, Karton, Samt, Seide
Ø 5 cm

République Française,
France 1988
Cadeau offert par le Sénat de Paris à Erich Honecker et remis par le Maire de Paris
Laiton, carton, velours, soie
Ø 5 cm

Professor Masaru Zuzuki, rector
of Nihon University in Tokyo,
congratulating Erich Honecker
on the occasion of his honorary
doctorate.

Prof. Dr. Masaru Zuzuki, Rektor
der Nihon-Universität in Tokio,
gratulierte Erich Honecker zur
Verleihung der Ehrendoktorwürde.

Prof. Dr. Masaru Zuzuki, recteur
de l'Université de Nihon à Tokyo,
félicitant le docteur h.c. Erich
Honecker.

▼
Gown, Japan 1981
Honorific from Nihon University,
Tokyo, on the occasion of the
conferral of an honorary
doctorate upon Erich Honecker
Linen, velvet and silk
60 x 160 x 24 cm (on dummy)

Ehrendoktorrobe, Japan 1981
Geschenk zur Verleihung der
Ehrendoktorwürde an Erich
Honecker an der Nihon-
Universität Tokio
Leinen, Samt, Seide
60 x 160 x 24 cm (auf Figurine)

**Toge de docteur honoris
causa**, Japon 1981
Cadeau de l'Université Nihon de
Tokyo et attribution du titre de
docteur honoris causa à Erich
Honecker
Lin, velours, soie
60 x 160 x 24 cm (sur mannequin)

also courted international organizations and national
liberation movements. East Germany was one of the
first countries to recognise the PLO (Palestinian Liberation Organization) as the legitimate representative of
the Palestinian people. Yasser Arafat and his circle
were regular visitors to the GDR long before the West
considered them acceptable, either as negotiating
partners or indeed as company. A copper plate featuring scenes from the struggle for Palestinian liberation
(p. 36) recalls one of Arafat's visits to East Germany.

The GDR played an exceptionally active and com-
mitted part (considering its economic potential) in the
United Nations and its various subsidiary organizations, as well as in the Olympic movement. This involvement doubtless reflected the Party and state leadership's aim to see an East German omnipresence
on the international scene – or at the very least to
match and if possible outdo West German activity. The
leadership echelons of the UN, the International Olympic Committee, and other international organizations
were repeatedly invited to East Germany, where they
were received with diplomatic honours.

On one visit, long-serving UN Secretary General
Javier Pérez de Cuellar presented Erich Honecker
with a sculpture featuring a symbol of peace familiar
all over the world – Pablo Picasso's dove (p. 57).

All of these little gifts, none of which really merits
the exalted term »gift of state«, constitute a part of the
East German foreign policy legacy. Given the speed
and the thoroughness with which the GDR was removed from the map, and the immensity of the
changes in the political landscape between 1989 and
1991, it would be easy to overlook the fact that not only
did new states come into being in Europe but one old
one also disappeared. All that remains is the memory
of the other Germany's social achievements, kept alive
in the heads of people who did not profit by the unification of the two states. The part played by East Germany in international politics has probably already
been largely forgotten – despite the fact that it had
diplomatic relations with over a hundred countries, had
contact of various kinds with them in the political,
economic, scientific, cultural and sporting arenas and
was, furthermore, a member of almost every major
international organization. Together with shelfloads of
books, and metre upon metre of material in archives
and libraries, the »Special Inventory« of the Deutsches
Historisches Museum constitutes one of the few

zwischen der DDR und der Mongolischen Volksrepublik beschworen wird, befand sich im Gepäck des
mongolischen Staats- und Parteichefs Jumschagin
Zedenbal (S. 56). An den Staatsbesuch des griechi-
schen Ministerpräsidenten Papandreou im Juli 1984
erinnern ein silbernes Schmuckkästchen und eine
Visitenkarte (S. 44); der südjemenitische Staatschef Ali
Nasser Mohammed überbrachte das Standbild einer
Moschee in Haiderabad (S. 51). Ein völlig identisches
Exemplar hatte schon Willi Stoph bei seinem Besuch
in der Demokratischen Volksrepublik Jemen im
Oktober 1976 erhalten.

Die dem Deutschen Historischen Museum überlie-
ferten Erinnerungsstücke aus westlichen Ländern enthalten keine politischen Aussagen. Es handelt sich
zumeist um kunstgewerbliche Arbeiten, auf denen zum
Teil eingravierte Widmungen oder beigelegte Visiten-
karten auf Herkunft und Bestimmung verweisen. Der
politisch wertfreie Charakter der Geschenke zeugt von
den Prinzipien der friedlichen Koexistenz zwischen den
westlichen und östlichen Staaten in der Zeit der Aus-
einandersetzung zwischen den Systemen. Sicher
haben auch Honecker und seine Genossen darauf
verzichtet, ihren Gästen und Gastgebern aus nichtsozialistischen Staaten Präsente zu überreichen, auf
denen symbolisch oder verbal zur Beseitigung des
Kapitalismus aufgerufen wird (S. 46/47).

Neben ihren Beziehungen zu anderen Staaten
pflegte die DDR auch rege Kontakte zu internationalen
Organisationen und nationalen Befreiungsbewegungen. Als einer der ersten Staaten der Welt erkannte
die DDR die Palästinensische Befreiungsorganisation
PLO als legitime Vertretung des palästinensischen
Volkes an. Jassir Arafat und seine Vertrauten waren
regelmäßig zu Gast, lange bevor die westliche Welt
den PLO-Chef für salonfähig befand und als Verhand-
lungspartner akzeptierte. Von einem seiner DDR-
Besuche stammt ein Kupferteller mit Motiven aus dem
palästinensischen Befreiungskampf (S. 36).

Das in Anbetracht der ökonomischen Möglichkeiten
außerordentlich starke Engagement der DDR in der
UNO und ihren Unterorganisationen sowie in der
olympischen Bewegung basierte wohl auch auf dem
Ehrgeiz der Partei- und Staatsführung, die Präsenz der
DDR auf internationalem Parkett allgegenwärtig er-
scheinen zu lassen, zumindest aber gegenüber der
Bundesrepublik nicht zurückzustehen. Die jeweiligen
Führer der UNO, des IOC und anderer internationaler

avec des motifs de la lutte pour la libération de la Palestine témoigne de l'une de ses visites (p. 36)

L'engagement poussé, si l'on considère ses possibilités économiques, de la RDA au sein des Nations unies et ses sous-organisations, ainsi que dans le mouvement olympique est certainement aussi dû au désir des dirigeants est-allemands de faire apparaître la RDA à tous les niveaux de la scène internationale. Les dirigeants respectifs de l'ONU, du CIO et d'autres organisations internationales sont invités plusieurs fois en RDA et reçus avec tous les honneurs diplomatiques. A l'occasion de l'une de ses visites, le Secrétaire général des Nations unies, Javier Pérez de Cuellar, remet à Erich Honecker une figure portant le symbole universel de la paix, la colombe de Picasso (p. 57).

Tous ces petits cadeaux, dont aucun ne mérite vraiment le nom pompeux de «présent du gouvernement», témoignent de la présence de la RDA dans le cadre de la politique extérieure. La RDA a été si rapidement et radicalement rayée de la carte du monde, et les transformations du paysage politique entre 1989 et 1991 sont si importantes, qu'on serait tenté d'oublier que non seulement de nouveaux Etats sont apparus en Europe mais que l'un d'eux a disparu. Il ne reste que le souvenir des conquêtes socio-politiques de cette autre Allemagne, gardé vivant par ceux qui n'ont pas tiré profit de l'unité allemande. Mais le rôle qu'a joué la RDA sur la scène politique internationale est probablement déjà tombé dans l'oubli, et cela bien qu'elle ait entretenu des relations diplomatiques avec plus de cent Etats, qu'elle ait eu avec eux des contacts politiques, économiques, scientifiques, culturels et sportifs variés et, en outre, qu'elle ait été membre de presque toutes les organisations internationales d'importance. Le dépôt bien particulier du Deutsches Historisches Museum est, à côté des livres et des dossiers que recèlent les bibliothèques et les archives, un des rares témoignages de l'existence de cet Etat. En ce qui concerne la politique extérieure, même si la RDA a été, sans doute consciemment, plus soucieuse des apparences que de la substance, et que son influence réelle ait été moins grande que la direction du Parti et de l'Etat le croyait ou du moins le suggérait au peuple, il n'en reste pas moins que cet Etat a été pendant 40 ans une pierre dans la mosaïque des relations internationales, ce qui justifie que l'on se souvienne de son existence.

Decorative plate, USSR 1983
Gift from the workers of the Soviet republic of Uzbekistan to Erich Honecker
China
Ø 38 cm

Wandteller, UdSSR 1983
Geschenk der Werktätigen der Sowjetrepublik Usbekistan an Erich Honecker
Porzellan
Ø 38 cm

Assiette murale, URSS 1983
Cadeau des ouvriers de la République d'Ouzbékistan à Erich Honecker
Porcelaine
Ø 38 cm

Decorative plate,
Palestine c. 1980
Gift from a Palestinian
delegation to Erich
Honecker
Copper
Ø 28 cm

Wandteller,
Palästina um 1980
Geschenk einer palästinen-
sischen Delegation an Erich
Honecker
Kupfer
Ø 28 cm

Assiette murale,
Palestine vers 1980
Cadeau d'une délégation
palestinienne à Erich
Honecker
Cuivre
Ø 28 cm

tangible documentations of the onetime existence of the East German state. Even though the GDR's foreign policy was designed to create an illusion of busy importance, even though the Party and state leaders believed (or at least let the people believe) that the GDR had a weight and presence on the international stage far greater than it actually did have, the fact remains that, for the forty years of its existence, East Germany was one of the stones that make up the grand mosaic of international relations. It can do no harme to remember this.

Organisationen wurden mehrfach in die DDR eingela-den und mit allen diplomatischen Ehren empfangen.

Der langjährige Generalsekretär der Vereinten Nationen, Javier Pérez de Cuellar, überbrachte Erich Honecker bei einem seiner Besuche eine Plastik mit einem weltweit bekannten Friedenssymbol, der Taube Picassos (S. 57).

All diese kleinen Präsente, von denen sicher keines den hochtrabenden Namen »Staatsgeschenk« ver-dient, sind Bestandteil des außenpolitischen Nachlas-ses der DDR. Durch das Tempo und die Konsequenz, mit denen die Tilgung der DDR von der Landkarte vollzogen wurde, und das gewaltige Ausmaß der Ver-änderungen in der politischen Landschaft zwischen 1989 und 1991 kann man leicht übersehen, daß in Euro-pa nicht nur einige neue Staaten entstanden sind, sondern daß auch einer verschwunden ist. Es bleibt nur die Erinnerung an die sozialpolitischen Errungen-schaften des anderen deutschen Staates, wachgehal-ten durch die Menschen, die nicht zu den Gewinnern der deutschen Einheit zählen. Die Rolle der DDR in der Weltpolitik aber ist vermutlich schon jetzt nahezu in Vergessenheit geraten – und das, obwohl die DDR zu mehr als 100 Staaten diplomatische Beziehungen unterhielt, mit diesen vielfältige politische, wirtschaft-liche, wissenschaftliche, kulturelle und sportliche Kon-takte pflegte und darüber hinaus Mitglied in fast allen bedeutenden internationalen Organisationen war. Neben einer Reihe von Büchern und einigen laufen-den Metern Akten in Bibliotheken und Archiven ist das »Sonderinventar« des Deutschen Historischen Mu-seums eine der wenigen Einrichtungen, die an die Existenz dieses Staates erinnern. Auch wenn die DDR auf außenpolitischem Gebiet vermutlich bewußt nach der Devise »Mehr Schein als Sein« handelte und ihre tatsächliche weltpolitische Bedeutung geringer war, als die Partei- und Staatsführung glaubte oder zumin-dest dem Volk suggerierte, so war dieser Staat doch in den 40 Jahren seiner Existenz ein Mosaikstein in den internationalen Beziehungen, der ein gewisses Maß an Erinnerung rechtfertigt.

►

Yasser Arafat was welcome in the GDR long before he gained acceptance at an international level.

Jassir Arafat war ein gerngese-hener Gast in der DDR, lange bevor er auf internationaler Ebene Anerkennung fand.

La RDA recevait très volontiers Yasser Arafat, bien avant que celui-ci ne soit reconnu sur le plan international.

Festivity, Hungary 1967
Gift from the presidial council of the People's Republic of Hungary and the Hungarian Socialist Workers' Party to Walter Ulbricht
Bronze and wood
31 x 19 x 55 cm

Festtag, Ungarn 1967
Geschenk des Präsidialrates der Ungarischen Volksrepublik und der Ungarischen Sozialistischen Arbeiterpartei an Walter Ulbricht
Bronze, Holz
31 x 19 x 55 cm

Jour de fête, Hongrie 1967
Cadeau du Conseil présidentiel de la République populaire de Hongrie et du Parti socialiste ouvrier hongrois à Walter Ulbricht
31 x 19 x 55 cm

◀
Mátyás Rákosi, Hungary 1952
Gift from Hungarian Prime
Minister Rákosi to Wilhelm
Pieck on the occasion of his
visit to the GDR
Engraving on aluminium
21 x 28 cm

Mátyás Rákosi, Ungarn 1952
Geschenk des ungarischen
Ministerpräsidenten Rákosi
an Wilhelm Pieck anläßlich
seines DDR-Besuches
Gravur auf Aluminium
21 x 28 cm

Mátyás Rákosi, Hongrie 1952
Cadeau du Premier ministre
hongrois Rákosi à Wilhelm
Pieck à l'occasion de sa visite
en RDA
Gravure sur aluminium
21 x 28 cm

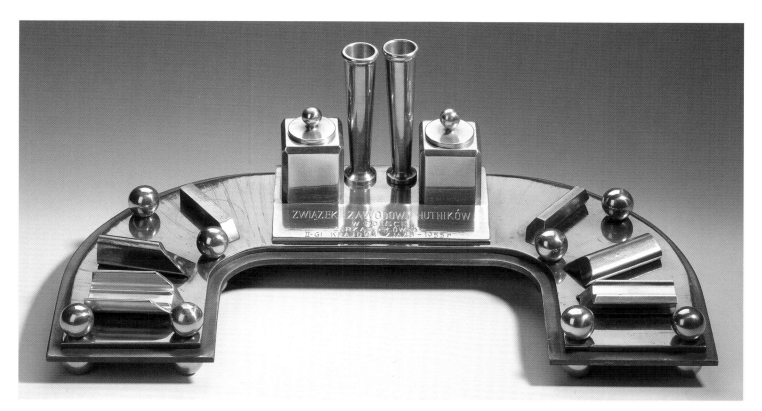

▲
Desk set, Poland 1955
Gift from Polish metalworkers
to Otto Grotewohl
Copper, brass, zinc and
aluminium
40 x 13 x 20 cm

Schreibtischgarnitur,
Polen 1955
Geschenk polnischer Hütten-
werker an Otto Grotewohl
Kupfer, Messing, Zink,
Aluminium
40 x 13 x 20 cm

Garniture de bureau,
Pologne 1955
Cadeau des métallurgistes
polonais à Otto Grotewohl
Cuivre, laiton, zinc, aluminium
40 x 13 x 20 cm

▶
Cup, Poland 1957
Gift from a Polish Party and govern-
ment delegation to Wilhelm Pieck
on the occasion of a visit to the
GDR in June 1957
Lead crystal
Ø 16 x 32 cm

Pokal, Polen 1957
Geschenk der polnischen Partei-
und Regierungsdelegation an
Wilhelm Pieck anläßlich ihres
DDR-Besuches im Juni 1957
Bleikristall
Ø 16 x 32 cm

Coupe, Pologne 1957
Cadeau de la délégation du Parti
et du gouvernement polonais à
Wilhelm Pieck à l'occasion de
sa visite en RDA en juin 1957
Cristal au plomb
Ø 16 x 32 cm

Kremlin in Moscow,
USSR c. 1980
Gift from the USSR to
representatives of the GDR,
occasion unknown
Brass and wood
38 x 10 x 27 cm

Moskauer Kreml,
UdSSR um 1980
Geschenk an Repräsentanten
der DDR aus unbekanntem
Anlaß
Messing, Holz
38 x 10 x 27 cm

Le Kremlin de Moscou,
URSS vers 1980
Cadeau de l'URSS à des
représentants de la RDA,
motif inconnu
Laiton, bois
38 x 10 x 27 cm

Troika, USSR 1979
Gift from the Comsomol Central
Committee to Erich Honecker
Precious wood and varnish
54 x 29 cm

Troika, UdSSR 1979
Geschenk des ZK des Kom-
somol an Erich Honecker
Edelholz, Lack
54 x 29 cm

Troïka, URSS 1979
Cadeau du Comité central du
Komsomol à Erich Honecker
Bois précieux, laque
54 x 29 cm

Dog team and sledge,
USSR 1964
Gift from the regional soviet of
the Omsk oblast to Walter
Ulbricht
Ivory and plastic
43 x 10 x 9 cm

Hundegespann mit Schlitten,
UdSSR 1964
Erinnerungsgeschenk des
Gebietssowjets des Omsker
Oblastes für Walter Ulbricht
Elfenbein, Plaste
43 x 10 x 9 cm

Traîneau tiré par des chiens,
URSS 1964
Souvenir du Soviet local de la
circonscription de Omsk offert à
Walter Ulbricht
Ivoire, plastique
43 x 10 x 9 cm

Miner's safety helmet,
Czechoslovakia 1950
Gift from Czech miners to Fred
Oelssner on the occasion of his
visit to Kladno in June 1950
Brass and tin
10 x 7 x 12 cm
(in presentation box)

Bergarbeiterhelm, ČSSR 1950
Geschenk tschechischer
Bergarbeiter an Fred Oelßner
anläßlich seines Besuches in
Kladno im Juni 1950
Messing, Zinn
10 x 7 x 12 cm (Kassette)

**Casque de mineur en
miniature**, République de
Tchécoslovaquie 1950
Cadeau des mineurs tchèques à
Fred Oelßner, à l'occasion de sa
visite à Kladno en juin 1950
Laiton, étain
10 x 7 x 12 cm (en cassette)

Model of an industrial plant,
Romania 1987
Gift from the workforce of the
Bucharest heavy machinery plant
to Erich Honecker
Steel and wood
22 x 24 x 30 cm

Industriemodell, Rumänien 1987
Geschenk der Werktätigen des
Schwermaschinenwerkes
Bukarest an Erich Honecker
Stahl, Holz
22 x 24 x 30 cm

Maquette industrielle,
Roumanie 1987
Cadeau des ouvriers de l'usine de
grosse construction mécanique
de Bucarest à Erich Honecker
Acier, bois
22 x 24 x 30 cm

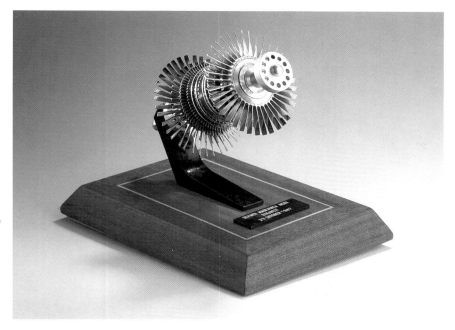

Desk set, Bulgaria 1958
Gift from a Bulgarian Party
and government delegation
to Wilhelm Pieck
Steel and brass
35 x 16 x 26 cm

Schreibtischgarnitur,
Bulgarien 1958
Geschenk einer bulgarischen
Partei- und Regierungsdelegation
an Wilhelm Pieck
Stahl, Messing
35 x 16 x 26 cm

Garniture de bureau, Bulgarie 1958,
Cadeau d'une délégation du
Parti et du gouvernement bulgare
à Wilhelm Pieck
Acier, laiton
35 x 16 x 26 cm

Pipe, Czechoslovakia 1974
Gift from the city of Vitkovice
to Erich Honecker
Wood
86 x 15 x 13 cm

Tabakpfeife, ČSSR 1974
Geschenk der Stadt Vitkovice
an Erich Honecker
Holz
86 x 15 x 13 cm

Pipe, Tchécoslovaquie 1974
Cadeau de la municipalité de
Vitkovice à Erich Honecker
Bois
86 x 15 x 13 cm

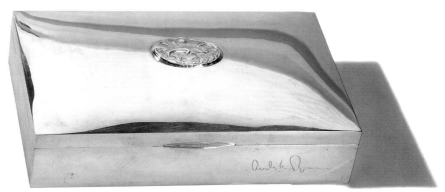

◄
Jewellery box,
Greece 1984
Gift from Greek President
Andreas Papandreou to Erich
Honecker on the occasion
of his visit to the GDR in
July 1984
Silver and wood
19 x 4.5 x 12 cm

Schmuckkästchen,
Griechenland 1984
Geschenk des griechischen
Ministerpräsidenten Andreas
Papandreou an Erich Honecker
anläßlich seines Besuches in der
DDR im Juli 1984
Silber, Holz
19 x 4,5 x 12 cm

Official Gifts | Regierungsgeschenke | Cadeaux des gouvernements

Photo album – Cienfuegos,
Cuba 1974
Gift to the GDR state delegation
Cardboard, paper, leather and
wood
43 × 7.5 × 33 cm

Fotoalbum – Cienfuegos,
Kuba 1974
Geschenk an eine DDR-
Staatsdelegation
Karton, Papier, Leder, Holz
43 × 7.5 × 33 cm

Album de photos – Cienfuegos,
Cuba 1974
Cadeau offert à une délégation
nationale est-allemande
Carton, papier, cuir, bois
43 × 7.5 × 33 cm

Boîte à bijoux,
Grèce 1984
Cadeau du Premier ministre
grec, Andreas Papandreou, à
Erich Honecker à l'occasion
de sa visite en RDA en
juillet 1984
Argent, bois
19 × 4,5 × 12 cm

Cup,
Austria 1980
Gift from the Salzburg regional
government to Erich Honecker
on the occasion of his visit to the
city in November 1980
Lead crystal
Ø 10 × 12 cm

Pokal,
Österreich 1980
Geschenk der Salzburger
Landesregierung an Erich
Honecker anläßlich seines
Besuches in der Stadt im
November 1980
Bleikristall
Ø 10 × 12 cm

Coupe,
Autriche 1980
Cadeau du gouvernement
du Land de Salzbourg à
Erich Honecker à l'occasion
de sa visite dans la ville en
novembre 1980
Cristal au plomb
Ø 10 × 12 cm

HERRN
...ATS RATSVORSITZEN...
ERICH HONECKER
GEWIDMET
...DIE 2...
...BURGER LANDESREG...
1. NOVEMBER 1980

Decorative plate (Wiebelskirchen), FRG 1987
Gift from the town of Wiebelskirchen to Erich Honecker on the occasion of his visit to his birthplace
Zinc and aluminium
Ø 25 cm

Wandteller Wiebelskirchen, BRD 1987
Geschenk der Stadt an Erich Honecker anläßlich des Besuches in seiner Geburtsstadt
Zink, Aluminium
Ø 25 cm

Assiette murale Wiebelskirchen, RFA 1987
Cadeau de la Ville de Wiebelskirchen à Erich Honecker à l'occasion de sa visite dans sa ville natale
Zinc, aluminium
Ø 25 cm

Relief plaque, FRG 1987
Gift from the Shawms and Arts Association of Dudweiler to Erich Honecker on the occasion of his visit to West Germany in September 1987
Cast iron
Ø 35 cm

Reliefbild, BRD 1987
Geschenk des Schalmeien- und Kulturvereins Dudweiler an Erich Honecker anläßlich seines Besuches in der BRD im September 1987
Gußeisen
Ø 35 cm

Relief décoratif, RFA 1987
Cadeau de l'Association déclarée des joueurs de pipeau de Dudweiler à Erich Honecker à l'occasion de sa visite en RFA en septembre 1987
Fonte
Ø 35 cm

Wandteller Schloß Jägersberg Neunkirchen, BRD 1987
Geschenk an Erich Honecker anläßlich seines Besuches in der BRD
Porzellan
Ø 26 cm

Decorative plate Jägersberg Castle, Neunkirchen, FRG 1987
Gift to Erich Honecker on the occasion of his visit to West Germany
China
Ø 26 cm

Assiette murale – Château Jägersberg à Neunkirchen, RFA 1987
Cadeau à Erich Honecker à l'occasion de sa visite en RFA
Porcelaine
Ø 26 cm

Ashtray and ornamental box,
Afghanistan 1982
Gift from Afghani head of state
and Party Babrak Karmal to Erich
Honecker on the occasion of his
visit to the GDR
Marble and semi-precious stones
15.5 x 4.5 x 10.5 cm

**Schmuckschatulle und
Aschenbecher**, Afghanistan 1982
Geschenk des afghanischen
Partei- und Staatschefs Babrak
Karmal an Erich Honecker an-
läßlich seines Besuches in der
DDR
Marmor, Halbedelstein
15,5 x 4,5 x 10,5 cm

Coffret à bijoux et cendrier,
Afghanistan 1982
Cadeau du leader du Parti et
Chef d'Etat d'Afghanistan, Babrak
Karmal, à Erich Honecker à
l'occasion de sa visite en RDA
Marbre, pierre semi-précieuse
15,5 x 4,5 x 10,5 cm

Silver dish, Egypt 1955
Gift from Gamal Abd el
Nasser to Heinrich Rau,
GDR Minister of Foreign
Trade, on the occasion
of his visit to Egypt
Silver
24.5 x 15 x 2 cm

Schale, Ägypten 1955
Geschenk von Gamal Abd el
Nasser an den DDR-Außen-
handelsminister Heinrich Rau
anläßlich seines Besuches in
Ägypten im November 1955
Silber
24,5 x 15 x 2 cm

Coupe, Egypte 1955
Cadeau de Gamal Abd el Nasser
au Ministre du Commerce
extérieur de RDA, Heinrich Rau, à
l'occasion de la visite de ce dernier en Egypte en novembre 1955
Argent
24,5 x 15 x 2 cm

Coin collection, Egypt 1955
Gift from the Egyptian
government to Heinrich Rau
Brass, tin, silver, velvet,
silk and wood
21.5 x 2 x 19 cm (in box)

Kollektion Münzen,
Ägypten 1955
Geschenk der ägyptischen
Regierung an Heinrich Rau
Messing, Zinn, Silber, Samt,
Seide, Holz
21,5 x 2 x 19 cm (Etui)

**Collection de pièces de
monnaie**, Egypte 1955
Cadeau du gouvernement
égyptien à Heinrich Rau
Laiton, étain, argent, velours,
soie, bois
21,5 x 2 x 19 cm (en étui)

◀

Vase, Syria 1982
Gift to Erich Honecker on the
occasion of his visit to Syria
Brass
Ø 10 x 19,5 cm

Vase, Syrien 1982
Geschenk an Erich Honecker
anläßlich des Besuches in Syrien
Messing
Ø 10 x 19,5 cm

Vase, Syrie 1982
Cadeau offert à Erich Honecker à
l'occasion de sa visite en Syrie
Laiton
Ø 10 x 19,5 cm

Relief picture, Yemen 1978
Gift from Ali Nasser Mohammed,
President of the Democratic
People's Republic of Yemen, to
Erich Honecker
Tin, wood and velvet
25 x 38 cm

Reliefbild, VR Jemen 1978
Geschenk des Staatschefs der
Demokratischen Volksrepublik
Jemen, Ali Nasser Mohammed,
an Erich Honecker
Zinn, Holz und Samt
25 x 38 cm

Relief décoratif, Yémen 1978
Cadeau du Chef d'Etat de la
République populaire démo-
cratique du Yémen, Ali Nasser
Mohamed, à Erich Honecker
Etain, bois, velours
25 x 38 cm

Wall emblem, Syria 1982
Gift from the high command of
the Syrian air force to Erich
Honecker on the occasion of
his visit in October 1982
Synthetic resin and brass
25 x 34 cm (in box)

Wandschmuck, Syrien 1982
Geschenk des Kommandos der
syrischen Luftstreitkräfte an Erich
Honecker bei seinem Besuch in
Syrien im Oktober 1982
Kunstharz, Messing
25 x 34 cm (in Kassette)

Décoration murale, Syrie 1982
Cadeau du commando des forces
aériennes syriennes à Erich
Honecker à l'occasion de sa
visite en octobre 1982
Résine synthétique, laiton
25 x 34 cm (dans une cassette)

Taj Mahal, India 1976
Gift from Indira Gandhi on the
occasion of her visit to the GDR
Marble
22.5 x 22.5 x 22.5 cm

Tadsch Mahal, Indien 1976
Geschenk Indira Gandhis anläßlich ihres Besuches in der DDR
Marmor
22,5 x 22,5 x 22,5 cm

Tadj Mahal, Inde 1976
Cadeau offert par Indira Gandhi
à l'occasion de sa visite en RDA
Marbre
22,5 x 22,5 x 22,5 cm

**Photograph of Neelam Sanjiwa
Reddy**, India 1979
Gift from the Indian President to
Erich Honecker on the occasion
of his state visit to India
Paper, glass and chromium
32 x 46 cm

**Porträtfoto – Neelam Sanjiwa
Reddy**, Indien 1979
Geschenk des indischen
Staatspräsidenten an Erich
Honecker anläßlich seines
Staatsbesuches in Indien
Papier, Glas, Chrom
32 x 46 cm

**Portrait-photo – Neelam
Sanjiva Reddy**, Inde 1979
Cadeau du Président de l'Etat
indien à Erich Honecker à
l'occasion de la visite officielle
de celui-ci en Inde
Papier, verre, chrome
32 x 46 cm

◄◄
Vase, North Vietnam 1973
Gift to Willi Stoph on the
occasion of his visit to North
Vietnam in March 1973
Brass and aluminium
Ø 11,5 x 32 cm

Vase, Nordvietnam 1973
Geschenk an Willi Stoph
anläßlich seines Besuches in
Nordvietnam im März 1973
Messing, Aluminium
Ø 11,5 x 32 cm

Vase, Viêt-nam du Nord, 1973
Cadeau offert à Willi Stoph
à l'occasion de sa visite au
Viêt-nam du Nord en mars 1973
Laiton, aluminium
Ø 11,5 x 32 cm

◄
Vase, North Vietnam 1972
Gift from North Vietnam on
the occasion of a delegation
visit to the GDR
Brass
Ø 21 x 55 cm

Vase, Nordvietnam 1972
Geschenk aus Nordvietnam
anläßlich des Besuches einer
Regierungsdelegation in der
DDR 1972
Messing
Ø 21 x 55 cm

Vase, Viêt-nam du Nord 1972
Cadeau du Viêt-nam du Nord
à l'occasion de la visite d'une
délégation gouvernementale
en RDA en 1972
Laiton
Ø 21 x 55 cm

**Female member of the
Vietnamese Liberation Front
with a captured US pilot**,
North Vietnam c. 1970
Gift from the Vietnamese
Association of Working Class
Youth to the central council of
the FDJ (Free German Youth)
Sheet steel and wood
35 x 58 x 18 cm

**Kämpferin des FMLN mit
gefangenem US-Piloten**,
Nordvietnam um 1970
Geschenk des Verbandes der
Arbeiterjugend Vietnams an den
Zentralrat der FDJ
Stahlblech, Holz
35 x 58 x 18 cm

**Combattante du FNL et pilote
américain**, Viêt-nam du Nord
vers 1970
Cadeau de l'association de la
Jeunesse ouvrière du Viêt-nam
au Conseil central de la FDJ
(Jeunesse allemande libre)
Tôle d'acier, bois
35 x 58 x 18 cm

The sculpture was based on a
well-known press photograph of
the Vietnam war.

Vorlage für die Plastik war ein
bekanntes Pressefoto aus dem
Vietnamkrieg.

L'objet est inspiré d'une célèbre
photo de presse sur la guerre du
Viêt-nam du Nord.

Aerial combat,
North Vietnam c. 1974
Gift to Werner Lamberz from a
North Vietnamese delegation
on the occasion of their visit
to the GDR
Steel and aluminium
15 x 13 x 7 cm

Luftkampf,
Nordvietnam um 1974
Geschenk einer vietnamesi-
schen Delegation an Werner
Lamberz anläßlich eines Besu-
ches in der DDR
Stahl, Aluminium
15 x 13 x 7 cm

Combat aérien,
Viêt-nam du Nord vers 1974
Cadeau d'une délégation
vietnamienne à Werner
Lamberz à l'occasion d'une
visite en RDA
Acier, aluminium
15 x 13 x 7 cm

Decorative plate, Mongolia 1977
Gift from a Mongolian Party and
government delegation on the
occasion of their visit to the GDR
in May 1977
Copper
Ø 60 cm

Wandteller, Mongolei 1977
Geschenk einer mongolischen
Partei- und Regierungsdelegation
anläßlich ihres Besuches in der
DDR im Mai 1977
Kupfer
Ø 60 cm

Assiette murale, Mongolie 1977
Cadeau d'une délégation
mongole du Parti et du
gouvernement à l'occasion de sa
visite en RDA en mai 1977
Cuivre
Ø 60 cm

►
Peace dove on an open hand,
UN 1987
Gift from UN Secretary General
Javier Pérez de Cuellar to Erich
Honecker on the occasion of his
visit to the GDR
Marble, bronze and brass
12 x 28 x 17 cm

**Friedenstaube auf
ausgestreckter Hand**,
UNO 1987
Geschenk des UNO-General-
sekretärs Javier Pérez de Cuellar
an Erich Honecker anläßlich
seines Besuches in der DDR
Marmor, Bronze, Messing
12 x 28 x 17 cm

**Colombe de la Paix sur une
main tendue**, ONU 1987
Cadeau offert par le Secrétaire
général des Nations unies,
Javier Pérez de Cuellar à Erich
Honecker à l'occasion de sa
visite en RDA
Marbre, bronze, laiton
12 x 28 x 17 cm

PRESENTED BY
JAVIER PÉREZ DE CUÉLLAR
SECRETARY-GENERAL
UNITED NATIONS

Cigarette lighter, Germany, Soviet zone of occupation 1946 Memento of the union of the KPD (German Communist Party) and SPD (Social Democrats) in Thuringia; made out of a cartridge case
Steel
Ø 2 x 6 cm

Feuerzeug, Deutschland, Sowjetische Besatzungszone, 1946 Erinnerungsstück an die Vereinigung von KPD und SPD in Thüringen, angefertigt aus einer Geschoßhülse
Stahl
Ø 2 x 6 cm

Briquet, Allemagne, zone d'occupation soviétique 1946 Souvenir de la fusion des partis communiste et socialiste en Thuringe, réalisé à partir d'une douille de projectile
Acier
Ø 2 x 6 cm

The presentation of gifts and honorifics was of course not invented by socialism; and the motives for giving have always been on the ambivalent side. It was only as the relations between Communist and socialist parties and their organizations and institutions developed that the practice congealed into a ritual. Just as administrative cadres evolved a principle of anticipatory obedience, hastening to observe the demands of the upper echelons even before they were expressed, so too the exchange of gifts developed a logic and momentum of its own that are not easy to describe. Doubtless there were no instructions from any central body calling for regular presents to be made to Party congresses and functionaries; nor is any case known of action being taken against an institution or organization that had neglected to mark an event with a visible sign of appreciation. But then, in the giving of presents, everyone seemed anxious to keep up with the Joneses. A regional Party organization would not want people saying that the gift it presented to the congress was less valuable, dignified or inspired than that given by the neighbouring region. Businesses would be glad of an opportunity to appear in a good light to local Party authorities, be it because they had not met the targets set for them by the productivity plan, be it because they were hoping investment moneys might come their way. A prevalent anxiety not to disappoint the expectations (no doubt often imaginary) of the bosses led to a proliferation of presents – particularly between different leadership levels of the SED. No one now can even make an informed guess

Die Überbringung von Gast- und Ehrengeschenken ist gewiß keine Erfindung des Sozialismus, und die Motive für diese Schenkungen waren schon immer zwielichtig. Aber erst in den Beziehungen zwischen kommunistischen und sozialistischen Parteien, Organisationen oder Institutionen erstarrte die traditionelle Praxis zum Ritual. Wie es in den Verwaltungen das Prinzip des vorauseilenden Gehorsams gab, wonach Anordnungen und Auflagen der übergeordneten Ebene bereits erfüllt wurden, bevor sie herausgegeben worden waren, so entwickelte auch die Überreichung von Gast- und Ehrengeschenken eine schwer zu fassende Eigendynamik. Sicher gab es keine zentrale Anweisung, Parteitage und -funktionäre regelmäßig zu beschenken, und es ist auch kein Fall bekannt, bei dem eine Institution oder Organisation gemaßregelt wurde, die es einmal versäumt hatte, ein gesellschaftliches Ereignis mit einem sichtbaren Ausdruck ihrer Aufmerksamkeit zu krönen. Doch wer wollte schon hinter seinem Nachbarn zurückstehen? Welche Bezirksparteiorganisation wollte sich nachsagen lassen, daß ihr Geschenk an den Parteitag im Vergleich zu dem des Nachbarbezirks weniger wert- oder würdevoll und originell war? Welcher Betrieb wollte eine Chance verstreichen lassen, sich bei der Kreis- oder Bezirksleitung der Partei in ein gutes Licht zu rücken, sei es als Entschuldigung für nicht erfüllte Pläne oder im Hinblick auf die Vergabe von Investitionsmitteln? Die Sorge, hinter oft nur eingebildeten Erwartungen der vorgesetzten Person oder Einrichtung zurückzubleiben, führte vor allem zwischen den

Le socialisme n'a pas inventé l'échange, au demeurant ambigu de par sa motivation, de cadeaux aux invités et de présents honorifiques. Mais c'est dans le cadre des relations entre les partis communistes et socialistes, entre les organisations ou les institutions que cette pratique traditionnelle s'est figée jusqu'à se muer en rituel. Tout comme existait dans les administrations le principe de l'obéissance avant l'ordre, d'après lequel les règlements et les directives de l'échelon supérieur étaient satisfaits avant d'avoir été dictés, la remise de présents développa elle aussi un dynamisme auto-nome difficile à cerner. Il n'existait bien sûr pas de réglementation centrale selon laquelle on se devait d'offrir régulièrement des cadeaux aux membres du congrès et aux fonctionnaires du Parti, et on ne connaît aucun cas dans lequel une institution ou une organisation aurait été rappelée à l'ordre parce qu'elle aurait oublié de faire preuve d'une expression visible de son attention à l'occasion d'un événement public. Mais personne ne voulait faire moins que son voisin. Aucune organisation du district n'aurait voulu que l'on dise d'elle que son cadeau au congrès du Parti était moins précieux, moins noble, moins original que celui du district voisin. Aucune entreprise ne voulait laisser passer une chance de se faire remarquer par la direc-tion de l'arrondissement ou du district, que ce soit pour s'excuser de ne pas avoir rempli les plans fixés ou dans la perspective de l'attribution de capitaux d'investissement. Le souci de ne pas répondre aux attentes, souvent imaginaires, du supérieur direct ou de l'institution a conduit, notamment au sein de la

Gifts to the Party and other Organizations

Partei- und Organisations-geschenke

Cadeaux offerts au Parti et aux organisations

at how many thousand gifts must have passed to and fro in the 44 years that the East German Communist Party existed, nor how much time, energy and material was used up in the making of those gifts – or, indeed, how many headaches must have been caused the givers who had to think up suitable presents for their Party superiors. Comrades abroad, too, had their time cut out dreaming up ever-new presents for the SED and its leading functionaries.

The oldest item of this kind recalls the union of the two workers' parties, the Communist KPD and social democratic SPD, in Thuringia. At the congress held in Gotha to cement that union in March 1946, Wilhelm Pieck was presented with a cigarette lighter made out of a cartridge case (p. 59). In the immediate post-war period, shortage of raw materials often meant that relics of the war were used in the making of utility objects.

In January and February 1947, an official SED delegation led by Wilhelm Pieck and Otto Grotewohl paid a first visit to the USSR. Every delegate was given a statuette of Lenin as a souvenir. The one illustrated here (p. 70) was in the possession of Max Fechner, and passed to the Museum für Deutsche Geschichte after his death in 1973. The model is a copy of a work by a well-known Soviet artist, N. Andreyeva, who specialized in figures of Lenin in the 30s.

When the Oder-Neisse frontier agreement between the GDR and Poland was signed on 6 July 1950, it was a major international moment in European post-war history, and the first international agreement signed by East Germany as a sovereign state (even if the content was dictated by the strategic interests of the Soviet Union). A sculptured conversation piece presented by a Polish youth delegation to the chairman of the German Sports Committee on the occasion of a peace visit in 1952 preserves the congratulatory mood of the two countries at that time: the base is inscribed with the words for peace in various languages – »Frieden, Pokoj, Paix, Peace« (p. 61).

Most of the items in this chapter relate to SED Party congresses or visits to the GDR by Communist Party delegations. As a rule, the SED held a congress every four or five years. The people of the GDR were sold the event as the highlight of the social calendar. Every crucial policy decision in the country's political, economic and cultural evolution was taken at the congress. Delegates would include top-level officials from com-

Volkspolizei parade on the occasion of the SED 3rd Party Congress in East Berlin, 20 to 24 July 1950.

Parade der Bereitschaften der Volkspolizei zum III. Parteitag der SED vom 20. bis 24. Juli 1950 in Ostberlin.

Parade des unités de réserve de la Police populaire à l'occasion du 3e Congrès du SED du 20 au 24 juillet 1950 à Berlin-Est.

verschiedenen Leitungsebenen der SED dazu, daß eine traditionelle Praxis maßlos ausuferte. Niemand vermag auch nur annähernd abzuschätzen, wie viele tausend Repräsentationsstücke in den 44 Jahren der Existenz der Partei überreicht wurden, wieviel Arbeitskraft und Material gebraucht wurden, um diese Objekte herzustellen, und wieviel Kopfzerbrechen es den Verantwortlichen immer wieder bereitet hat, ein würdiges Präsent für die nächsthöhere Parteiinstanz zu finden. Und auch die Genossen aus dem Ausland mußten sich immer wieder neue Gedanken machen, womit sie die SED und ihre führenden Funktionäre überraschen konnten.

Das älteste Stück in dieser Reihe erinnert an die Vereinigung der Arbeiterparteien KPD und SPD im Land Thüringen. Auf dem Vereinigungskongreß im März 1946 in Gotha wurde Wilhelm Pieck eine zu einem Feuerzeug umgebaute Geschoßhülse überreicht (S. 59). In der unmittelbaren Nachkriegszeit wurden schon aus Mangel an Rohmaterialien häufig Relikte des Krieges zur Herstellung von Gebrauchsgütern verwandt.

Im Januar und Februar 1947 weilte erstmals eine offizielle SED-Delegation unter der Leitung von Wilhelm Pieck und Otto Grotewohl zu einem Besuch in der UdSSR. Jeder Teilnehmer dieser Reise erhielt als Erinnerungsgeschenk eine Lenin-Plastik (S. 70). Das hier gezeigte Exemplar stammt von Max Fechner und gelangte nach dessen Tod 1973 in den Besitz des Museums für Deutsche Geschichte. Die Plastik ist die Kopie eines Werkes der bekannten sowjetischen Künstlerin N. Andrejewa, die sich in den 30er Jahren auf die Darstellung von Lenin spezialisiert hatte.

Die Unterzeichnung des Oder-Neiße-Grenzabkommens zwischen der DDR und Polen am 6. Juli 1950 war ein für die europäische Nachkriegsgeschichte bedeutsamer außenpolitischer Akt. Handelte es sich doch um das erste internationale Abkommen, welches die DDR als souveräner Staat unterzeichnen durfte, wenn auch der Inhalt von den strategischen Interessen der Sowjetunion diktiert wurde. Eine Tischplastik, die eine polnische Jugenddelegation anläßlich der Friedensfahrt 1952 dem Vorsitzenden des Deutschen Sportausschusses überreichte, symbolisiert diese Entwicklung. Auf dem Sockel befindet sich ein umlaufender Schriftzug, der den Frieden beschwört: »Frieden – Pokoj – Paix – Peace« (S. 61).

Die Mehrzahl der Objekte dieses Kapitels wurden

hiérarchie du SED, à l'explosion d'une pratique traditionnelle. On ne saurait estimer, même approximativement, le nombre de présents échangés, la puissance de travail investi et la quantité de matériel nécessaire à la confection de ces objets. Impossible non plus d'imaginer le casse-tête qu'ils représentaient pour les responsables chargés de découvrir un présent digne de l'instance directement supérieure dans le Parti, et cela pendant les 44 années d'existence du SED. Les camarades étrangers devaient, eux aussi, se creuser sans cesse la tête pour trouver de quoi étonner le Parti et les fonctionnaires dirigeants.

La pièce la plus ancienne de cette série commémore la fusion des partis ouvriers communiste (KPD) et socialiste (SPD) dans le Land de Thuringe. A l'occasion du Congrès de l'Union en mars 1946 à Gotha, Wilhelm Pieck reçoit un briquet confectionné à l'aide d'une douille de projectile (p. 59). A cette époque on utilise souvent des vestiges de la guerre pour fabriquer des articles courants, car les matières premières sont rares.

En janvier et en février 1947, une délégation officielle du SED dirigée par Wilhelm Pieck et Otto Grotewohl se rend pour la première fois en URSS. Tous les participants recevront en souvenir une statuette de Lénine. L'exemplaire présenté ici appartenait à Max Fechner (p. 70) et est devenu après sa mort, survenue en 1973, la propriété du Museum für Deutsche Geschichte. La figure est une copie d'une œuvre de la célèbre artiste soviétique, N. Andrejeva, spécialiste de la représentation de Lénine dans les années 30.

La signature des accords de Potsdam reconnaissant la ligne Oder-Neisse entre la RDA et la Pologne le 6 juillet 1950 est un acte politique important pour l'Histoire de l'après-guerre en Europe. Ne s'agit-il pas de la première convention internationale que la RDA peut signer en tant qu'Etat autonome, même si le contenu est dicté par les intérêts stratégiques de l'Union soviétique? Une décoration de table offerte par une délégation de la Jeunesse polonaise au Président du comité sportif allemand, à l'occasion de la marche pour la paix en 1952, symbolise cette évolution. Une inscription fait le tour du socle et invoque la paix: «Frieden – Pokoj – Paix – Peace» (p. 61).

La plupart des objets présentés dans ce chapitre se réfèrent cependant aux congrès du parti socialiste unifié allemand ou aux visites de délégations communistes en RDA. Les congrès du SED,

**Conversation piece –
The Oder-Neisse Line,**
Poland 1952
Gift from a Polish youth delegation to the chairman of the East German Sports Committee on the occasion of a peace visit, 1952
Brass, steel and wood
12.5 x 22 x 12.5 cm

Tischzier Oder-Neiße-Grenze,
Polen 1952
Geschenk einer polnischen Jugenddelegation an den Vorsitzenden des Deutschen Sportausschusses anläßlich der Friedensfahrt von 1952
Messing, Stahl, Holz
12,5 x 22 x 12,5 cm

**Décoration de table-
Ligne Oder-Neisse,**
Pologne 1952
Cadeau d'une délégation polonaise de la Jeunesse au Président du Comité sportif allemand à l'occasion de la marche pour la paix en 1952
Laiton, acier, bois
12,5 x 22 x 12,5 cm

bines, regional authorities, and the Central Committee, and also prominent figures from the worlds of sports, the arts and science. In addition there were delegations from well-disposed Communist and socialist parties the whole world over. The gifts made by foreign visitors were usually mere tokens of politeness to the hosts; but those exchanged within the GDR's ranks represented a loaded homage to the »chosen few«.

The desktop implements given to Wilhelm Pieck at the 3rd congress by a deputation from the Ammendorf carriage works represent a distinctive part of East German history. The factory was one of the major powerhouses of »Transmasch«, a Soviet joint-stock company. Till the mid-50s it produced machines and equipment exclusively for the USSR, as part of East Germany's reparations. It was not until 1954 that the last of the Soviet joint-stock companies became nationally-owned companies that were permitted to manufacture for the East German market too. The model of a sleeping car, a faithful replica of the five hundredth railway carriage built for the USSR (p. 63), was in Wilhelm Pieck's study at Niederschönhausen castle till the day he died, and subsequently entered the Walter Ulbricht collection.

Comrades from the Deutzen coal combine swore *Everlasting friendship* on their plaque for the 3rd Party congress. The emblems of the SED and the German-Soviet Friendship Association appear alongside an industrial plant »growing« out of a coal briquette labelled *The Party – vanguard of the working classes*. In the background the sun is rising symbolically (p. 80). The present made by a Magdeburg workman is in a class of its own. The decorative container made of pegs and cord (p. 67) was sent to Erich Honecker on the occasion of the 9th Party congress. In a covering letter, the workman thanked the SED First Secretary for the state's generous support of his large family, and wished the Party a successful congress. Individual presents of this kind were few and far between in the 70s and 80s, though. Instead, gifts were normally industrially made and impersonal – like the piece of an industrial plant from the Riesa pipe combine (p. 76). Several copies would be made so that all the important social occasions in a given period could be catered for; the present items were given not only to the Riesa Steel and Rolling Mills Regional Conference but also to the 10th Party congress.

Gifts presented by official delegations from

jedoch bei den Parteitagen der Sozialistischen Einheitspartei Deutschlands oder bei Besuchen kommunistischer Parteidelegationen in der DDR überreicht. Die in der Regel alle vier bis fünf Jahre abgehaltenen Parteitage der SED wurden der Bevölkerung der DDR als die absoluten gesellschaftlichen Höhepunkte präsentiert. Sämtliche richtungweisende Entscheidungen für die politische, wirtschaftliche und kulturelle Entwicklung des Landes fielen vor diesem Forum. Zu den Teilnehmern gehörten neben den Spitzenfunktionären aus den Kombinaten, Kreisen, Bezirken und dem Zentralkomitee immer auch prominente Sportler, Kulturschaffende und Wissenschaftler. Dazu kamen Delegationen von kommunistischen und sozialistischen Parteien aus aller Welt, die der SED wohlgesonnen waren. Während die Geschenke der ausländischen Gäste in der Regel als Geste der Höflichkeit gegenüber den Gastgebern zu betrachten sind, läßt sich hinter den Präsenten aus der DDR wohl mehr eine Hommage an das Forum der »Auserwählten« vermuten.

Ein besonderes Stück DDR-Geschichte repräsentiert eine Schreibtischgarnitur, die Wilhelm Pieck auf dem III. Parteitag von einer Abordnung aus der Waggonfabrik Ammendorf überreicht bekam. Das Werk war einer der Hauptbetriebe der Sowjetischen Aktiengesellschaft »Transmasch«, das bis Mitte der 50er Jahre ausschließlich Maschinen und Ausrüstungen für die Reparationsleistungen an die UdSSR herstellte. Erst 1954 wurden die letzten Sowjetischen Aktiengesellschaften in Volkseigene Betriebe umgewandelt und durften auch für den DDR-Markt produzieren. Das Modell eines Schlafwagens, eine originalgetreue Nachbildung des 500. für die UdSSR gebauten Eisenbahnwaggons, stand bis zu Wilhelm Piecks Tod in seinem Arbeitszimmer im Schloß Niederschönhausen und fand sogar später seinen Platz bei Walter Ulbricht (S. 63).

Freundschaft für immer beschwören die Kumpel aus dem Kohle-Kombinat Deutzen auf ihrem ebenfalls dem III. Parteitag gewidmeten Standbild. Die Embleme der SED und der Gesellschaft für Deutsch-Sowjetische Freundschaft finden wir neben einer Industrieanlage, die aus einem Brikett mit der Aufschrift *Partei-Vorhut der Arbeiterklasse* erwächst. Den Hintergrund bildet eine aufgehende Sonne (S. 80).

In eine besondere Kategorie von Erinnerungsgeschenken gehört die Bastelei eines Arbeiters aus dem

généralement organisés tous les quatre à cinq ans, étaient présentés à la population est-allemande comme le summum de la vie sociale. On y prenait toutes les décisions concernant le développement politique, économique et culturel du pays. Les hauts-fonctionnaires des combinats, des arrondissements, des districts et du comité central y côtoyaient des sommités du sport, de la culture et de la science. Les délégations des partis communistes et socialistes du monde entier, que le SED considérait avec bien-veillance, se joignaient à eux. Alors que les cadeaux des invités étrangers sont à considérer comme un geste de politesse envers leurs hôtes, on suppose que les invités est-allemands cherchaient plutôt à obtenir les faveurs des «élus».

Une garniture de bureau remémore une époque précise de l'Histoire de la RDA: une délégation de l'usine de wagons Ammendorf l'a offerte à Wilhelm Pieck lors du 3e Congrès du Parti. L'usine était une des principales exploitations de la société anonyme soviétique «Transmasch» qui construisit jusqu'au milieu des années 50 exclusivement des machines et des équipements en tant que prestations à titre de réparation pour l'URSS. Il fallut attendre 1954 pour que les dernières sociétés anonymes soviétiques soient transformées en entreprises d'Etat et puissent égale-ment produire pour le marché est-allemand. La maquette d'un wagon-lit, copie fidèle du 500ème wagon de chemin de fer construit pour l'URSS, est restée au château Niederschönhausen, dans le bureau de Wilhelm Pieck jusqu'à la mort de celui-ci et fut même adoptée plus tard par Walter Ulbricht (p. 63).

Les mineurs du complexe minier Deutzen invoquent *Amitié à jamais* sur leur statue dédiée, elle aussi, au 3e Congrès du Parti. Nous trouvons l'em-blème du SED et de l'Amicale germano-soviétique à côté de l'installation industrielle qui sort d'une briquette portant l'inscription *Avant-garde du parti des travailleurs*. A l'arrière-plan se dessine un soleil levant (p. 80).

Un ouvrier du district de Magdebourg a bricolé un cadeau bien particulier: le récipient décoratif fait de trombones et de ficelles (p. 67) sera envoyé à Erich Honecker à l'occasion du 9e Congrès du Parti. Dans la lettre qui l'accompagne, l'expéditeur remercie le Secrétaire général du SED pour le soutien généreux dont l'Etat fait preuve envers ses nombreux enfants et souhaite beaucoup de succès au Congrès du Parti.

Desktop piece – SAG Transmasch, GDR 1950
Gift from the Ammendorf carriage works to the SED 3rd Party Congress
Marble and steel
43 x 18 x 24.5 cm

Schreibtischgarnitur SAG Transmasch, DDR 1950
Geschenk der Waggonfabrik Ammendorf an den III. Parteitag der SED
Marmor, Stahl
43 x 18 x 24,5 cm

Garniture de bureau SAG Transmasch, RDA 1950
Cadeau de l'usine de wagons Ammendorf à l'occasion du 3e Congrès du SED
Marbre, acier
43 x 18 x 24,5 cm

The *SAG Transmasch* conversation piece was still on the desk in 1961 under Pieck's successor, Walter Ulbricht.

Die *Schreibtischgarnitur SAG Transmasch* stand sogar noch 1961 bei Piecks Nachfolger Walter Ulbricht auf dem Schreibtisch.

La *Garniture de bureau SAG Transmasch* se trouvait encore en 1961 sur le bureau de Walter Ulbricht, successeur de Wilhelm Pieck.

Vase, Bulgaria 1972
Gift from a Bulgarian Communist
Party delegation to the GDR in
June 1972. The motif resembles
John Heartfield's photo montage
of the court case related to the
burning of the Reichstag
China
⌀ 20 x 50 cm

Vase, Bulgarien 1972
Geschenk einer Delegation der
Bulgarischen Kommunistischen
Partei in der DDR im Juni 1972.
Das Motiv entstand in Anlehnung
an eine Fotomontage von John
Heartfield zum Reichstagsbrand-
Prozeß
Porzellan
⌀ 20 x 50 cm

Vase, Bulgarie 1972
Cadeau d'une délégation du Parti
communiste bulgare en visite en
RDA en juin 1972. Le motif
s'inspire d'un montage photographique représentant John Heartfield lors du procès concernant
l'incendie du Reichstag
Porcelaine
⌀ 20 x 50 cm

Communist and revolutionary parties throughout the
world frequently featured symbols of the international
labour movement or of socialism established and practised. A classic example is a gift from the Portuguese
Communist Party, where a star with a portrait of Lenin
rises from a hammer and sickle representing Soviet
power. Marx's famous words from the Communist
Manifesto, »Workers of the world, unite«, are emblazoned on a globe, and an inscription on the base avers
the undying friendship of the Portuguese Communist
Party and the SED (p. 87).

A vase from Bulgaria features a photomontage by
John Heartfield which originally appeared on the cover
of a Communist paper in November 1933. It shows an
outsize Georgi Mikhailovich Dimitroff striking a victorious pose before his accuser, Hermann Göring, in the
Reichstag fire trial (p. 64). The scene symbolizes the
triumph of Communism over Fascism: in 1933 Dimitroff, a Bulgarian politician and co-founder of that
country's Communist Party, was in fact acquitted of
any involvement in the Reichstag fire.

The ancestral gallery of the Communist movement
appears in eloquent style on a wall platter from Laos
depicting Marx and Lenin triumphantly proclaiming
their ideas to that country (p. 79). A collage representing the plenty of agriculture in Ethiopia inevitably
strikes us now with a bitter irony, given the starvation
that folowed Mengistu Haile Mariam's socialist experiment (p. 85). Further items are from Israel, Chile, and
the Democratic Front for Liberation of Palestine, the
leader of which, Nawef Hawatmeh, visited the GDR in
1980 at the invitation of the SED.

For a short period in the 70s, East Germany had
close relations with Somalia. Mohammed Siyaad Barre,
head of state and of the Party, conveyed the fraternal
greetings of the Somali Socialist Party to Erich
Honecker and the SED in the form of two elephant
teeth and a table decoration incorporating the arms of
Somalia (p. 84). Before long, however, the GDR found
itself in a dilemma similar to that of their relations with
the Sudan. In 1977 a bloody war broke out between the
socialist brothers Somalia and Ethiopia; the GDR took
the side of Ethiopia, and its former comrade Siyaad
Barre was revealed overnight as a dictator and an
imperialist lackey.

SED deputations regularly attended the Party congresses of Communist parties elsewhere. First Secretary Honecker visited all the Soviet Union's Party con-

Bezirk Magdeburg. Das aus Klammern und Kordelschnüren zusammengefügte Zierbehältnis (S. 67) wurde Erich Honecker anläßlich des IX. Parteitages zugesandt. In einem Begleitschreiben bedankt sich der Absender beim Generalsekretär der SED für die großzügige Unterstützung seiner kinderreichen Familie durch den Staat und wünscht dem Parteitag viel Erfolg. Solch individuelle Geschenke waren in den 70er und 80er Jahren kaum noch anzutreffen. Statt dessen dominierten industriell gefertigte und ohne jeden persönlichen Bezug überbrachte Stücke wie das Fragment einer Industrieanlage aus dem Rohr-Kombinat Riesa (S. 76). Um alle wichtigen gesellschaftlichen Ereignisse eines Zeitraums abdecken zu können, wurden gleich mehrere Exemplare angefertigt. Die vorliegenden Stücke erhielten die Kreisdelegiertenkonferenz des Stahl- und Walzwerkes Riesa und der X. Parteitag.

Die Geschenke von offiziellen Delegationen kommunistischer und revolutionärer Parteien aus aller Welt enthalten oft Symbole der internationalen Arbeiterbewegung oder des »real existierenden Sozialismus«. So entspringt bei einem Präsent der Portugiesischen Kommunistischen Partei aus den Grundelementen Hammer und Sichel, den Zeichen der Sowjetmacht, ein Stern mit dem Porträt Lenins. Um die stilisierte Weltkugel läuft das bekannte Marx-Zitat »Proletarier aller Länder, vereinigt Euch!«, und auf dem Sockel wird die Freundschaft zwischen der PKP und der SED beschworen (S. 87).

Auf einer Vase aus Bulgarien finden wir die Umsetzung einer Fotomontage von John Heartfield, die im November 1933 in der »A-I-Z« erschienen war. Sie zeigt einen überdimensionierten Georgi M. Dimitrow in Siegerpose vor seinem Ankläger Hermann Göring im Prozeß um den Reichstagsbrand (S. 64). Symbolisiert wird der Sieg des Kommunismus über den Faschismus, denn der bulgarische Politiker und Mitbegründer der KP Dimitrow wurde im Dezember 1933 von der Anklage, am Reichstagsbrand beteiligt gewesen zu sein, freigesprochen.

Die Ahnengalerie der kommunistischen Bewegung wird durch einen Wandteller aus Laos bereichert, auf denen Marx und Lenin den Triumph ihrer Ideen in diesem Land verkünden (S. 79). Die Collage über die blühende Landwirtschaft in Äthiopien hinterläßt angesichts der Hungersnot, die das sozialistische Experiment Mengistu Haile Mariams hinterließ, einen bitteren Nachgeschmack (S. 85).

Ces cadeaux personnels se feront rares au cours des années 70 et 80. Ils seront remplacés par des objets anonymes de fabrication industrielle, tel ce fragment d'une installation industrielle du combinat de la tuyauterie de Riesa (p. 76). On en fabriquait plusieurs exemplaires à la fois, afin de pouvoir faire face à tous les événements sociaux importants d'une époque. Ces objets ont été offerts aussi bien lors de la Conférence des délégués de l'arrondissement des usines d'acier et de laminage de Riesa qu'à l'occasion du 10e Congrès du Parti.

Les cadeaux des délégations officielles des partis communistes et révolutionnaires du monde entier comportent souvent des symboles du mouvement international des travailleurs ou du «réalisme socialiste». Ainsi, dans un présent du Parti communiste portugais, on voit sortir des éléments de base faucille et marteau, le symbole de la puissance soviétique, une étoile avec un portrait de Lénine. La célèbre citation de Marx «Prolétaires de tous les pays, unissez-vous!» s'enroule autour du globe stylisé, et une inscription sur le socle évoque l'amitié entre le PCP et le SED (p. 87).

Sur un vase bulgare nous trouvons la transposition d'un montage photographique de John Heartfield paru en novembre 1933 en couverture de la «A-I-Z». On y voit un Georgi M. Dimitrov de taille démesurée et l'air vainqueur; il fait face à Hermann Göring au cours du procès de l'incendie du Reichstag (p. 64). Ici, on symbolise la victoire du communisme sur le fascisme, car l'homme politique bulgare et cofondateur du parti communiste Dimitrov, accusé d'avoir participé à l'incendie, a été déclaré non coupable en décembre 1933.

La galerie des ancêtres du mouvement communiste est enrichie d'une assiette murale originaire du Laos, et sur laquelle Marx et Lénine proclament le triomphe de leurs idées dans ce pays (p. 79). Le collage représentant l'agriculture florissante de l'Ethiopie a un goût d'amertume, vu la famine qui a suivi l'expérience socialiste de Mengistu Haïlé Mariam (p. 85).

D'autres objets viennent d'Israël, du Chili et du Front démocratique et populaire de libération de la Palestine (FDPLP), dont le chef, Nayef Hawatmé, séjourna en 1980 en Allemagne Démocratique sur l'invitation du SED.

Au cours des années 70, la RDA entretient un moment des relations étroites avec la Somalie. Le chef d'Etat et de Parti Mohamed Syaad Barré remet à Erich

Photomontage by John Heartfield, first published in a workers' paper, the »A-I-Z«, on 16 November 1933.

Fotomontage von John Heartfield, erschienen am 16. November 1933 in der »A-I-Z«.

Montage photographique de John Heartfield, paru le 16 novembre 1933 dans la «A-I-Z».

The historic moment when Wilhelm Pieck (left) and Otto Grotewohl (right) shook hands to seal the union of the eastern SPD and Communists to form the SED in 1946. Walter Ulbricht, who played a key part in the process, is at the extreme right.

Der historische Händedruck von Wilhelm Pieck (l.) und Otto Grotewohl (r.), der 1946 die Vereinigung der Parteien SPD und KPD zur Sozialistischen Einheitspartei Deutschlands (SED) besiegelte. Ganz rechts Walter Ulbricht, der maßgeblich an diesem Prozeß beteiligt war.

La poignée de main historique de Wilhelm Pieck (à gauche) et Otto Grotewohl (à droite) scelle en 1946 l'union des partis socialiste et communiste et la naissance du parti unifié allemand (SED). A l'extrême-droite on aperçoit Walter Ulbricht, qui a beaucoup travaillé pour cet objectif.

SED 30th Anniversary,
GDR 1976
Gift from the People's Own
GREIKA training college, Greiz,
to the SED 9th Party Congress
Linen, cardboard and wood
32 x 72 cm

30 Jahre SED, DDR 1976
Geschenk der Betriebsschule
des VEB GREIKA Greiz an den
IX. Parteitag der SED
Leinen, Karton, Holz
32 x 72 cm

Trente années de SED,
RDA 1976
Cadeau de l'école d'entreprise de
la VEB (entreprise industrielle
nationalisée) GREIKA de Greiz à
l'occasion du 9e Congrès du SED
Lin, carton, bois
32 x 72 cm

gresses held during his term in office personally. These occasions were seen (at least by the GDR) as being of major significance, and pointing the way ahead for the Communist movement as a whole. From them, the SED delegates routinely returned with souvenirs. Workers in the Chelyabinsk area presented the SED deputation with a composition incorporating various widely used Communist symbols. Marxist-Lenist theory, symbolized by the works of Marx, Engels and Lenin, is represented on a red star. Above it is the globe, with the Soviet Union highlighted, and a banner bearing the words, *Workers of the world, unite!* (p. 73).

But the *non plus ultra* of political symbolism in our collection must surely be a sculpture given to the SED delegation at the 3rd congress of the Cuban Communist Party. The evils of the world – symbolized by a smashed swastika, a scattering a skulls, two nuclear missiles, a chain, and a bird of prey that stands for United States imperialism – are vanquished by a Picasso peace dove (p. 88). That dove, first seen at a 1949 peace congress in Paris, became the emblem of the international peace movement; but in socialist countries it was also used as a symbol of the struggle against imperialism.

Further gifts were made to the Party or its leadership on the anniversaries of the Party's establishment; to mark special events organized or attended by the Party; or to mark the jubilees and other special occasions of nations, Parties and organizations elsewhere. Even sports clubs sometimes felt obliged to pay personal homage to Honecker; after all, it was an open secret among soccer fans that Dynamo Berlin's success in taking the championship ten times in a row owed something to the wish – and protection – of the very highest echelons, and assistance of that order called for tribute in recognition. Every year, the players and officials of Dynamo Berlin complimented their »highly esteemed comrade Erich Honecker« with some gift or other (p. 134).

The Ministry of State Security (the Stasi ministry) was one of the GDR's institutions that received the most gifts. Everyone – SED regional officers, industrial organizations, state and social organizations, other security services in the GDR, as well as similar services in socialist foreign countries – felt obliged to mark the anniversary of the establishment of the ministry every year (pp. 92/93).

Weitere Stücke stammen aus Israel, Chile und von der Demokratischen Volksfront zur Befreiung Palästinas, deren amtierender Chef Hawatmeh 1980 auf Einladung der SED in der DDR weilte.

In den 70er Jahren unterhielt die DDR kurzzeitig enge Beziehungen zu Somalia. Staats- und Parteichef Mohammed Siyaad Barre überbrachte Erich Honecker und der SED brüderliche Grüße von der Revolutionären Sozialistischen Partei Somalias in Form zweier Elefantenzähne und einer Tischzier mit einem somalischen Wappen (S. 84). Doch schon bald entstand für die DDR ein ähnliches Dilemma wie in den Beziehungen zum Sudan. Als sich 1977 ein blutiger Bruderkrieg zwischen den »sozialistischen« Staaten Somalia und Äthiopien entwickelte, stellte sich die DDR auf die Seite Äthiopiens, und der ehemalige »Genosse« Siyaad Barre wurde als Diktator und »Handlanger des Imperialismus« entlarvt.

Abordnungen der SED besuchten regelmäßig die Parteitage der kommunistischen Bruderparteien. Alle Parteitage der KPdSU, die in seine Amtszeit fielen, besuchte der Generalsekretär Honecker persönlich. Von diesen – zumindest von der DDR – als Höhepunkte und als richtungweisend für die gesamte kommunistische Bewegung betrachteten Ereignissen brachten die SED-Delegationen regelmäßig markante Erinnerungsstücke mit. Die Werktätigen des Tscheljabinsker Bezirkes widmeten der SED-Delegation eine Komposition aus verschiedenen Symbolen der kommunistischen Weltanschauung. Auf einem roten Stern ruht – symbolisiert durch die Werke von Marx, Engels und Lenin – die geballte Kraft der marxistisch-leninistischen Theorie. Darüber erheben sich eine Weltkugel mit der farbig hervorgehobenen Sowjetunion im Blickpunkt und eine wehende rote Fahne mit der Aufschrift *Proletarier aller Länder, vereinigt Euch!* (S. 73)

Das Höchstmaß an politischer Symbolik in unserer Sammlung bietet jedoch eine Plastik, die der SED-Delegation auf dem III. Parteitag der Kommunistischen Partei Kubas überreicht wurde. Über allem Bösen dieser Welt, veranschaulicht durch ein zerbrochenes Hakenkreuz, eine Reihe Totenköpfe, zwei Atomraketen, eine Kette mit einem den USA-Imperialismus verkörpernden Raubvogel, erhebt sich Picassos Friedenstaube (S. 88). Die erstmals 1949 auf einem Friedenskongreß in Paris präsentierte Taube wurde zum Signet der internationalen Friedensbewegung. In

Honecker et au SED les salutations fraternelles du Parti socialiste révolutionnaire somalien sous la forme de deux défenses d'éléphant et d'une décoration de table aux armes de la Somalie (p. 84). Mais la RDA se voit bientôt face à un dilemme semblable à celui qu'elle a connu avec le Soudan. En 1977, lorsqu'une guerre civile sanglante éclate entre les Etats socialistes de Somalie et d'Ethiopie, la RDA se range aux côtés de l'Ethiopie et l'ancien «camarade» Syaad Barré est démasqué comme dictateur et homme de main de l'impérialisme.

Des délégations du SED se rendent régulièrement aux congrès des partis-frères communistes. Le Secrétaire général Honecker sera présent à tous les congrès du Parti communiste de l'Union soviétique (PCUS) qui auront lieu sous son mandat. De ces réunions, extrêmement importantes aux yeux du peuple est-allemand et décisives pour le mouvement communiste dans son ensemble, les délégations du SED ramènent régulièrement des souvenirs marquants. Les ouvriers du district de Tcheljabinsk offrent à la délégation du SED une composition basée sur les divers symboles de la vision du monde communiste. Sur une étoile rouge repose, symbolisée par les œuvres de Marx, Engels et Lénine, la force concentrée de la théorie marxiste-léniniste. Au-dessus se trouvent un globe avec l'Union soviétique rehaussée de couleurs et bien visible et un pavillon rouge flottant au vent avec l'inscription *Prolétaires de tous les pays, unissez-vous!* (p. 73)

Mais la figure qui présente le plus de symbolisme politique sera remise à la délégation du SED lors du 3e Congrès du PC cubain. Au-dessus de tout le mal qui sévit sur la Terre, représenté par une croix gammée brisée, des têtes de morts, deux fusées atomiques, une chaîne avec un oiseau de proie incarnant l'impérialisme américain, la colombe de la Paix de Picasso prend son vol (p. 88). La colombe, présentée pour la première fois lors d'un congrès sur la paix à Paris, est devenue l'emblème du mouvement international pour la paix. Dans les Etats socialistes elle est également considérée comme un symbole de la lutte contre l'impérialisme. D'autres cadeaux sont offerts au Parti ou à ses dirigeants à l'occasion de commémorations et des manifestations diverses que le SED a conçues, organisées ou visitées. Il en va de même lorsque d'autres Etats, partis et organisations célèbrent un anniversaire. Finalement, même des

Ornamental box with Party Congress symbol, GDR 1976
Gift from a worker to Erich Honecker on the occasion of the SED 9th Party Congress
Wood, textile and cardboard
28 x 9 x 26 cm

Zierbehältnis mit Symbol, DDR 1976
Geschenk eines Arbeiters an Erich Honecker anläßlich des IX. Parteitages der SED
Holz, Textilien, Karton
28 x 9 x 26 cm

Récipient orné d'un symbole, RDA 1976
Cadeau d'un ouvrier à Erich Honecker à l'occasion du 9e Congrès du SED
Bois, fibres textiles, carton
28 x 9 x 26 cm

In the early 70s, when the Unidad Popular regime was in power there, East Germany enjoyed particularly close ties with Chile. Hopes that the South American country would join Cuba as a second stable partner for the GDR's political, economic and cultural interests in Latin America were of course brought to nothing by the military coup of September 1973 and the murder of Marxist President Salvador Allende. The SED continued its relations with parties sympathetic to Communism, however; and thousands of Chilean émigrés went into East German exile during the Pinochet dictatorship. The portrait photograph of Allende was a gift from his widow, who visited the GDR in September 1974. Her handwritten dedication thanks East Germany for its solidarity (p. 69). For one former East German, the ties which were established in those days with Chile's Communists and socialists have of course paid off: Erich Honecker is currently spending his unanticipated retirement in Chilean exile.

Walter Ulbricht, Wilhelm Pieck and Otto Grotewohl (from left) at the SED 4th Party Congress in East Berlin in 1954. Above them, the august company of Communist founding fathers at that date still included Stalin along with Marx, Engels and Lenin.

Walter Ulbricht, Wilhelm Pieck und Otto Grotewohl (v.l.) 1954 auf dem IV. Parteitag der SED in Berlin. Über ihnen thronten die führenden Köpfe Marx, Engels, Lenin und zu diesem Zeitpunkt auch noch Stalin.

Walter Ulbricht, Wilhelm Pieck et Otto Grotewohl (en partant de la gauche), en 1954 lors du 4e Congrès du SED à Berlin. Au-dessus d'eux les têtes de Marx, Engels, Lénine et, à cette époque encore, Staline.

The President of the Central Committee, Erich Honnecker, making speech on the occasion of the SED 10th Party Congress on 16 april 1981.

Der Vorsitzende des Zentral-komitees, Erich Honecker, am Rednerpult auf dem X. Parteitag der SED am 16. April 1981.

Le Président du Comité central, Erich Honecker, prenant la parole à l'occasion du 10e Congrès du SED, le 16 avril 1981.

den sozialistischen Staaten galt sie auch als Symbol des Kampfes gegen den Imperialismus. Weitere Geschenke erreichten die Partei oder ihren jeweiligen Chef zu Jahrestagen ihrer Gründung, zu verschiedenen von ihr initiierten und getragenen bzw. besuchten Veranstaltungen sowie zu Jubiläen anderer Staaten, Parteien und Organisationen. Selbst einzelne Sportvereine hielten es mitunter für angebracht, sich persönlich bei Honecker erkenntlich zu zeigen. Für jeden Fußballfan in der DDR war es bis zuletzt ein offenes Geheimnis, daß der Berliner FC Dynamo auf Wunsch und mit Rückendeckung von ganz oben zehnmal hintereinander den Meistertitel errang. Dieses »Geschenkabonnement« verlangte natürlich einen Tribut. Jedes Jahr mußten die Spieler und Funktionäre des BFC ihren »hochverehrten Genossen Erich Honecker« mit einem Präsent beglücken (S.134).

Zu den Institutionen und Organisationen der DDR, die am reichhaltigsten mit Geschenken bedacht wurden, gehörte das Ministerium für Staatssicherheit. Ob SED-Kreisleitungen oder -Betriebsorganisationen, staatliche oder gesellschaftliche Organisationen der DDR, Sicherheitsorgane aus dem In- oder (sozialistischen) Ausland – alle sahen sich veranlaßt, regelmäßig des Jahrestages der Gründung des MfS zu gedenken (S.92/93).

Eine intensive Beziehung hatte die DDR Anfang der 70er Jahre in der Regierungszeit der Unidad Popular zu Chile aufgebaut. Die Hoffnung, damit neben Kuba einen zweiten stabilen Partner als Basis für ihre politischen, wirtschaftlichen und kulturellen Interessen in Lateinamerika zu gewinnen, wurde im September 1973 durch den Militärputsch und die Ermordung des marxistischen Präsidenten Salvador Allende zerstört. Die SED hielt jedoch ihre Beziehungen zu den befreundeten Parteien der Kommunisten und der Sozialisten aufrecht. Tausende chilenische Emigranten fanden in der Zeit der Pinochet-Diktatur in der DDR eine zweite Heimat. Das Porträtfoto des ermordeten Allende ist ein Geschenk seiner Witwe, die im September 1974 die DDR besuchte. In einer persönlichen handschriftlichen Widmung bedankt sie sich für die Solidarität der DDR (S.69). Die Bemühungen und Aufwendungen für die chilenischen Kommunisten und Sozialisten haben sich zumindest für einen ehemaligen DDR-Bürger gelohnt. Erich Honecker verbringt seinen Lebensabend im chilenischen Exil.

associations sportives individuelles trouvent normal de remercier personnellement Erich Honecker. Tous les fans est-allemands du ballon rond connaissent le secret de Polichinelle qui veut que le FC Dynamo de Berlin ait reçu dix fois de suite sur demande et sous protection d'en haut le titre de champion. Cet «abonnement à la victoire» a son prix, évidemment. Tous les ans, les joueurs et les fonctionnaires du FCB doivent faire plaisir à «leur très estimé camarade Erich Honecker» en lui offrant un cadeau (p.134)

Le Ministère de la Sécurité d'Etat est une des institutions et organisations de la RDA qui a été le plus richement dotée. Directions d'arrondissement du SED, associations d'entreprises, organisations nationales ou sociales est-allemandes, organes de sécurité de l'intérieur ou de l'étranger (socialiste) – tous se sentent obligés de commémorer régulièrement l'année de fondation du ministère de la Sécurité d'Etat (ill. p.92/93).

Au début des années 70, à l'époque du gouvernement de la Unidad Popular, la RDA avait noué des relations intenses avec le Chili. L'espoir de gagner ainsi, à côté de Cuba, un partenaire solide servant ses intérêts politiques, économiques et culturels en Amérique latine est anéanti en septembre 1973 par le coup d'Etat militaire et le meurtre du Président marxiste Salvador Allende. Le SED maintiendra pourtant ses relations avec les partis communiste et socialiste amis. Sous la dictature de Pinochet, des milliers d'émigrants chiliens vont trouver refuge en RDA. La photo de Salvador Allende est un cadeau de sa veuve qui se rend en RDA en septembre 1974. Dans une dédicace personnelle manuscrite, elle remercie la RDA pour son esprit de solidarité (p.69). Les efforts et les dépenses occasionnés pour les communistes et socialistes chiliens ne sont pas perdus pour tout le monde, puisque l'ancien citoyen est-allemand Erich Honecker passe la fin de sa vie au Chili.

Salvador Allende, Chile 1974
Gift from Hortensia Bussi de Allende to Willi Stoph on the occasion of a visit to the GDR in September 1974
Paper, glass and wood
33 × 39 cm

Salvador Allende, Chile 1974
Geschenk von Hortensia Bussi de Allende an Willi Stoph anläßlich eines DDR-Besuches im September 1974
Papier, Glas, Holz
33 × 39 cm

Salvador Allende, Chili 1974
Cadeau de Hortensia Bussi de Allende à Willi Stoph à l'occasion d'un voyage en RDA en septembre 1974
Papier, verre, bois
33 × 39 cm

Lenin, USSR 1947
Gift to Max Fechner on the
occasion of the first visit by
an SED delegation to the
USSR in January 1947
Plaster
40 x 30 x 36 cm

Lenin, UdSSR 1947
Geschenk an Max Fechner
anläßlich der ersten Reise
einer SED-Delegation in die
UdSSR im Januar 1947
Gips
40 x 30 x 36 cm

Lénine, URSS 1947
Cadeau à Max Fechner à
l'occasion du premier voyage
d'une délégation du SED en
URSS en janvier 1947
Plâtre
40 x 30 x 36 cm

▶
The working classes,
USSR 1966
Gift from the Soviet armed
forces in Germany to Walter
Ulbricht on the occasion
of the 20th anniversary
of the foundation of
the SED
Steel, brass and plastic
25 x 47 x 25 cm

Gifts to the Party | Parteigeschenke | Cadeaux offerts au Parti

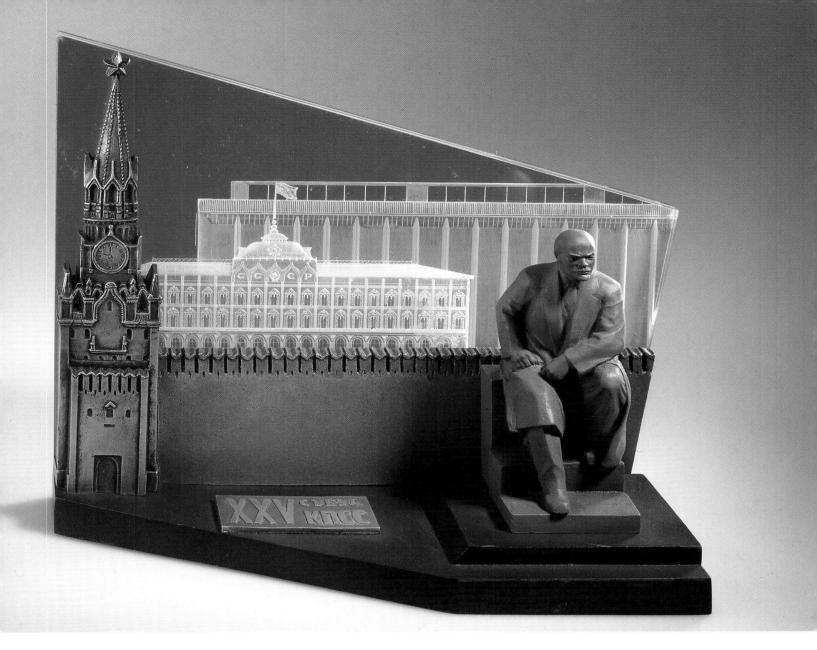

Conversation piece, USSR 1976
Gift to the SED delegation at the
Soviet Communist Party's 25th
Party Congress
Plastic and cast iron
36 x 20 x 16 cm

Tischdekoration, UdSSR 1976
Geschenk an die SED-
Delegation auf dem XXV.
Parteitag der KPdSU
Plaste, Gußeisen
36 x 20 x 16 cm

Décoration de table, URSS 1976
Cadeau à la délégation du SED,
à l'occasion du 25e Congrès du
PCUS
Plastique, fonte
36 x 20 x 16 cm

Die Arbeiterklasse,
UdSSR 1966
Geschenk des Militärrates der
Gruppe der Sowjetischen
Streitkräfte in Deutschland an
Walter Ulbricht anläßlich des
20. Jahrestages der Gründung
der SED
Stahl, Messing, Plaste
25 x 47 x 25 cm

La Classe ouvrière,
URSS 1966
Cadeau du Conseil militaire
des Forces soviétiques en
Allemagne à Walter Ulbricht
à l'occasion du 20ème anniversaire de la fondation
du SED
Acier, laiton, plastique
25 x 47 x 25 cm

▶▶
Workers of the world, unite!,
USSR 1971
Souvenir from the Chelyabinsk
regional Party administration to
the SED delegation on the
occasion of the Soviet
Communist Party's 24th Party
Congress
Plastic and glass
24 x 33 x 24 cm

**Proletarier aller Länder,
vereinigt Euch!**,
UdSSR 1971
Erinnerungsgeschenk der
Parteiorganisation des
Tscheljabinsker Bezirkes an
die SED-Delegation auf dem
XXIV. Parteitag der KPdSU
Plaste, Glas
24 x 33 x 24 cm

**Prolétaires de tous les pays,
unissez-vous!**,
URSS 1971
Souvenir offert par l'organisation
du Parti du district de Tcheliabinsk
à la délégation du SED lors du
24e Congrès du PCUS
Plastique, verre
24 x 33 x 24 cm

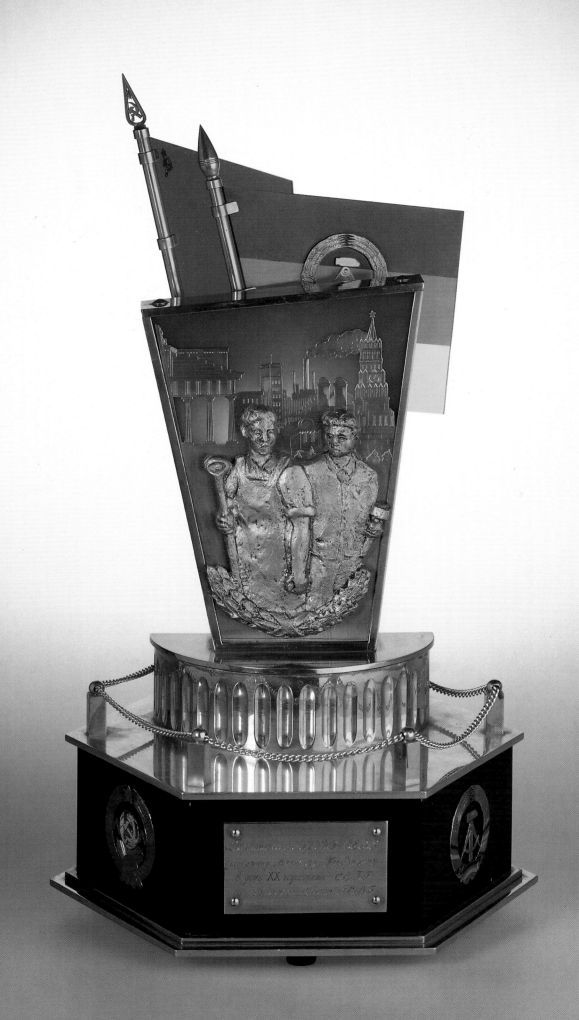

ПРОЛЕТАРИИ ВСЕХ СТРАН,
СОЕДИНЯЙТЕСЬ!
В И ЛЕНИН
В И ЛЕНИН
Делегации СЕПГ на XXIV съезде
КПСС от трудящихся
Челябинской области.
Апрель, 1971 года.

Prepared to fight, USSR 1978
Souvenir from the Soviet state
security service to the Ministry
of State Security on the occasion of the 60th anniversary of
the establishment of the
Cheka
Steel, wood and aluminium
29.5 x 7 x 11 cm

Kampfgemeinschaft,
UdSSR 1978
Erinnerungsgeschenk des
sowjetischen Staatssicher-
heitsdienstes an das MfS aus
Anlaß des 60. Jahrestages der
Gründung der Tscheka
Stahl, Holz, Aluminium
29,5 x 7 x 11 cm

Combat commun, URSS 1978
Souvenir des services de sécurité
soviétiques au Ministère de la
Sécurité d'Etat à l'occasion du
60ème anniversaire de la
fondation de la Tchéka (police
politique)
Acier, bois, aluminium
29,5 x 7 x 11 cm

Gifts to the Party | Parteigeschenke | Cadeaux offerts au Parti

Lunachod I, USSR 1970
Gift from the Soviet embassy
to the FDJ central committee
Steel, plastic, foam rubber and
wood
34 x 34 x 22 cm

Lunachod 1, UdSSR 1970
Geschenk der Botschaft der
UdSSR an den Zentralrat
der FDJ
Stahl, Plaste, Schaumstoff, Holz
34 x 34 x 22 cm

Lunachod 1, URSS 1970
Cadeau de l'Ambassade de
l'URSS au Conseil central
de la FDJ
Acier, plastique, caoutchouc
mousse, bois
34 x 34 x 22 cm

Party Congress symbol,
GDR 1967
Gift of SDAG Wismut
to the SED 7th Party
Congress
Marble, minerals,
plastic and brass
26 x 32 x 15 cm

Parteitagssymbol,
DDR 1967
Geschenk der SDAG
Wismut an den VII.
Parteitag der SED
Marmor, Mineralien,
Plaste, Messing
26 x 32 x 15 cm

Symbole du Congrès,
RDA 1967
Offert par la SDAG de
Wismut à l'occasion du
7e Congrès du SED
Marbre, roches,
plastique, laiton
26 x 32 x 15 cm

Model of an industrial plant, GDR 1976
Gift from the Riesa
People's Own Pipe
Combine to the Riesa
Steel and Rolling Mill
regional delegates
conference
Steel, wood and brass
Ø 19 x 29 cm

Industriemodell,
DDR 1976
Repräsentationsgeschenk
des VEB Rohrkombinats
Riesa an die Kreisdelegier-
tenkonferenz des Stahl-
und Walzwerkes Riesa
Stahl, Holz, Messing
Ø 19 x 29 cm

Maquette industrielle,
RDA 1976
Cadeau du combinat VEB
de la tuyauterie de Riesa à
la Conférence des délé-
gués de l'arrondissement
de l'usine d'aciérie et de
laminage de Riesa
Acier, bois, laiton
Ø 19 x 29 cm

We keep our promises!,
GDR, 1976
Gift from the Zwickau hard
coal miners to the 9th
Party Congress
Coal
29.5 x 13.5 x 8 cm

Wir halten Wort!,
DDR 1976
Geschenk der Bergarbeiter
des Steinkohlenwerkes
Zwickau an den IX.
Parteitag der SED
Steinkohle
29,5 x 13,5 x 8 cm

Nous tenons parole!,
RDA 1976
Cadeau des mineurs des
charbonnages de Zwickau
à l'occasion du 9e Congrès
du SED
Houille
29,5 x 13,5 x 8 cm

Souvenir coal briquette,
GDR 1971
Souvenir from Böhlen
Brown Coal Combine, for
the SED 8th Party
Congress
Brown coal
18 x 6 x 6 cm

**Böhlen grüßt SED-
Konferenz,** DDR 1971
Souvenir aus dem
Braunkohle-Kombinat
Böhlen zum VIII. Parteitag
der SED
Braunkohle
18 x 6 x 6 cm

**Böhlen salue la
Conférence du SED,**
RDA 1971
Souvenir du combinat de
lignite de Böhlen à l'occa-
sion du 8e Congrès du SED
Lignite
18 x 6 x 6 cm

Conversation piece,
GDR 1975
Gift from the SDAG
Wismut FDJ organization
to the GDR Workers' Youth
Congress
Minerals, wood, plastic
and brass
31 x 40.5 x 26.5 cm

Tischdekoration,
DDR 1975
Geschenk der FDJ-Orga-
nisation der SDAG Wismut
an den Kongreß der Arbei-
terjugend der DDR
Mineralien, Holz,
Plaste, Messing
31 x 40,5 x 26,5 cm

Décoration de table,
RDA 1975
Cadeau de l'organisation
de la FDJ de la SDAG
Wismut au Congrès de la
Jeunesse ouvrière de RDA
Roches, bois, plastique,
laiton
31 x 40,5 x 26,5 cm

**Model of a diesel
locomotive,** GDR 1976
Gift from Ernst Thälmann
RAW, Halle, to the 9th East
German trade union
congress
Plastic, wood and brass
29 x 21 x 10 cm

Diesellok,
DDR 1976
Geschenk des RAW Ernst
Thälmann Halle an den
9. FDGB-Kongreß
Plaste, Holz, Messing
29 x 21 x 10 cm

**Locomotive à moteur
Diesel,** RDA 1976
Cadeau de la RAW Ernst
Thälmann de Halle au 9e
Congrès de la Confédé-
ration des syndicats
allemands
Plastique, bois, laiton
29 x 21 x 10 cm

**Greetings to the 4th
Party Congress,**
GDR 1954
Souvenir made by the
Grossräschen brickworks
Clay
12 x 3 x 6 cm

**Gruß dem IV. Parteitag
der SED,** DDR 1954
Souvenir aus dem
Ziegelwerk Großräschen
Ton
12 x 3 x 6 cm

**Salut au 4e Congrès du
SED,** RDA 1954
Souvenir de la briqueterie
Großräschen
Terre cuite
12 x 3 x 6 cm

Model of a mining truck,
GDR 1954
Gift from apprentices of
the Mansfeld Combine to
the SED 4th Party
Congress
Brass and wood
23 x 22 x 12 cm

Modell Hunt,
DDR 1954
Geschenk der Lehrlinge
des Mansfeldkombinates
an den IV. Parteitag der
SED
Messing, Holz
23 x 22 x 12 cm

Benne de mine,
RDA 1954
Cadeau des apprentis du
combinat de Mansfeld à
l'occasion du 4e Congrès
du SED
Modèle réduit, laiton, bois
23 x 22 x 12 cm

Karl Marx, GDR 1985
Tapestry. Gift from Hohenmölsen
SED regional leadership on the
occasion of the 35th anniversary
of the foundation of the Ministry
of State Security
Wool
92 x 124 cm

Karl Marx, DDR 1985
Wandteppich. Geschenk der
SED-Kreisleitung Hohenmölsen
zum 35. Jahrestag der Gründung
des Ministeriums für Staatssicherheit
Wolle
92 x 124 cm

Karl Marx, RDA 1985
Tapis mural. Cadeau de la
direction d'arrondissement
du SED de Hohenmölsen
pour le 35ème anniversaire
de la fondation du Ministère
de la Sécurité d'Etat
Laine
92 x 124 cm

Karl Marx, Great Britain 1983
Gift from the Communist Party of
Great Britain to Erich Honecker
on the occasion of the Karl Marx
centenary conference in East
Berlin in April 1983
China
Ø 27 cm

Karl Marx, Großbritannien 1983
Geschenk der KP Großbritanniens
an Erich Honecker anläßlich der
Wissenschaftlichen Konferenz
zum 100. Todestag von Karl Marx
im April 1983 in Berlin
Porzellan
Ø 27 cm

Karl Marx, Grande-Bretagne 1983
Cadeau du Parti communiste
de Grande-Bretagne à Erich
Honecker à l'occasion de la
Conférence scientifique pour
le centenaire de la mort de
Karl Marx en avril 1983 à Berlin
Porcelaine
Ø 27 cm

Marx and Lenin, Laos 1975
Gift from a delegation of the
Laotian Patriotic Front to the
SED Central Committee on the
occasion of a visit to the GDR
in January 1975
Wood
∅ 30 cm

Marx und Lenin, Laos 1975
Geschenk einer Delegation der
Patriotischen Front von Laos an
das ZK der SED anläßlich eines
DDR-Besuches im Januar 1975
Holz
∅ 30 cm

Marx et Lénine, Laos 1975
Cadeau d'une délégation du
Front patriotique du Laos au
Comité central du SED à
l'occasion d'une visite en RDA
en janvier 1975
Bois
∅ 30 cm

Everlasting friendship,
GDR 1950
Gift from Deutzen Coal
Combine to the SED 3rd
Party Congress
Brass and wood
24 x 36 x 24 cm

Freundschaft für immer,
DDR 1950
Geschenk des Kohle-
Kombinates Deutzen zum
III. Parteitag der SED
Messing, Holz
24 x 36 x 24 cm

Amitié à jamais,
RDA 1950
Cadeau du complexe
minier de Deutzen à
l'occasion du 3e Congrès
du SED
Laiton, bois
24 x 36 x 24 cm

Decorative plate,
Honduras 1976
Gift from the Honduran
Communist Party dele-
gation to the SED 9th
Party Congress
Precious wood
Ø 41 cm

Wandteller,
Honduras 1976
Gastgeschenk der Delega-
tion der Kommunistischen
Partei von Honduras an
den IX. Parteitag der SED
Edelholz
Ø 41 cm

Assiette murale,
Honduras 1976
Cadeau de la délégation
du Parti communiste du
Honduras à l'occasion du
9e Congrès du SED
Bois précieux
Ø 41 cm

Cup, Poland 1986
Gift from the United
Workers' Party of Poland
to the SED 11th Party
Congress
Graphite, Ø 21 x 64 cm

Pokal, Polen 1986
Geschenk der Delegation
der Polnischen Vereinigten
Arbeiterpartei an den XI.
Parteitag der SED
Graphit, Ø 21 x 64 cm

Coupe, Pologne 1986
Cadeau de la délégation
du Parti ouvrier unifié
polonais à l'occasion du 11e
Congrès du SED
Graphite, Ø 21 x 64 cm

Paris Commune plaque,
France 1976
Gift from the FCP to the
SED 9th Party Congress
Wood and brass
30 x 40 cm

Pariser Kommune,
Frankreich 1976
Geschenk der FKP an den
IX. Parteitag der SED
Holz, Messing
30 x 40 cm

Commune de Paris,
France 1976
Cadeau du PCF à l'occasion
du 9e Congrès du SED
Bois, laiton
30 x 40 cm

Gifts to the Party | Parteigeschenke | Cadeaux offerts au Parti

Mural emblem,
Philippines 1971
Gift from a delegation of
the Philippine Communist
Party to the SED 8th Party
Congress
Wood
20 x 21 cm

Wandschmuck,
Philippinen 1971
Geschenk der Delegation
der Kommunistischen
Partei der Philippinen an
den VIII. Parteitag der SED
Holz
20 x 21 cm

Décoration murale,
Philippines 1971
Cadeau de la délégation
du Parti communiste des
Philippines à l'occasion du
8e Congrès du Parti
Bois
20 x 21 cm

Decorative plate,
Peru 1976
Gift from the Peruvian
Communist Party dele-
gation to the SED
9th Party Congress
Silver
Ø 32 cm

Wandteller,
Peru 1976
Geschenk der Delegation
der Kommunistischen
Partei Perus an den
IX. Parteitag der SED
Silber
Ø 32 cm

Assiette murale,
Pérou 1976
Cadeau de la délégation
du Parti communiste du
Pérou à l'occasion du
9e Congrès du SED
Argent
Ø 32 cm

Relief plaque,
Sri Lanka 1976
Gift from a Sri Lankan
Communist Party
delegation
Copper, 34 x 34 cm

Reliefplatte,
Sri Lanka 1976
Geschenk der Delegation
der Kommunistischen
Partei von Sri Lanka
Kupfer, 34 x 34 cm

Relief décoratif,
Sri Lanka 1976
Cadeau de la délégation
du Parti communiste de Sri
Lanka
Cuivre, 34 x 34 cm

Decorative plate – Red
Square, USSR c. 1985
Gift from the USSR to
Erich Honecker; occasion
unknown
China, Ø 45 x 8 cm

Schale mit Rotem Platz,
UdSSR um 1985
Geschenk an Erich
Honecker aus unbe-
kanntem Anlaß
Porzellan, Ø 45 x 8 cm

Coupe Place Rouge,
URSS vers 1985
Cadeau de l'URSS à Erich
Honecker, on ignore en
quelle occasion
Porcelaine, Ø 45 x 8 cm

Lenin, Laos 1976
Gift from the Revolutionary
People's Party of Laos to the
SED on the occasion of the
9th Party Congress
Precious wood, ivory and
aluminium
20 x 20 x 5 cm

Lenin, Laos 1976
Geschenk der Laotischen
Revolutionären Volkspartei
an die SED anläßlich des
IX. Parteitages
Edelholz, Elfenbein,
Aluminium
20 x 20 x 5 cm

Lénine, Laos 1976
Cadeau du Parti populaire
révolutionnaire laotien au SED
à l'occasion du 9e Congrès
du Parti
Bois précieux, ivoire,
aluminium
20 x 20 x 5 cm

Erich Honecker, Iran 1976
Gift from the Iranian Tudeh
Party to the SED 9th Party
Congress
Wood and ivory
23 x 28 cm

Erich Honecker, Iran 1976
Geschenk der Tudeh-Partei
des Iran an den IX. Parteitag
der SED
Mosaikholz, Elfenbein
23 x 28 cm

Erich Honecker, Iran 1976
Cadeau du parti Toudeh à
l'occasion du 9e Congrès
du SED
Bois, ivoire
23 x 28 cm

Conversation piece,
Somalia 1971
Gift from Siyad Barre to
Erich Honecker
Ivory and wood
44 × 40 × 10 cm

Tischzier, Somalia 1971
Geschenk von Mohammed
Siyaad Barre an Erich Honecker
Elfenbein, Holz
44 × 40 × 10 cm

Décoration de table,
Somalie 1971
Cadeau de Syaad Barré
à Erich Honecker
Ivoire, bois
44 × 40 × 10 cm

Conversation piece
»**Soomaaliya**«, Somalia 1970s
Souvenir of Somalia; exact
origins, purpose and recipient
unknown
Ivory and wood
31 × 31 × 17 cm

Tischzier »**Soomaaliya**«,
Somalia 70er Jahre
Erinnerungsgeschenk,
Herkunft und Bestimmung
unbekannt
Elfenbein, Holz
31 × 31 × 17 cm

Décoration de table
«**Soomaaliya**»,
Somalie années 70
Souvenir de Somalie, origine
et destination inconnues
Ivoire, bois
31 × 31 × 17 cm

Green Book, Libya 1979
Gift from the Libyan ambassa-
dor to East Germany to Erich
Honecker on the occasion
of the 10th anniversary of the
Libyan revolution
Brass and chromium
17.7 × 21.5 cm

Grünes Buch, Libyen 1979
Erinnerungsgeschenk des
libyschen Botschafters in
der DDR an Erich Honecker
anläßlich des 10. Jahrestages
der Revolution
Messing, Chrom
17.7 × 21,5 cm

Livre vert, Libye 1979
Souvenir offert par l'ambassadeur
libyen en RDA à Erich Honecker
à l'occasion du 10ème anniversaire de la révolution
Laiton, chrome
17,7 × 21,5 cm

Gifts to the Party | Parteigeschenke | Cadeaux offerts au Parti

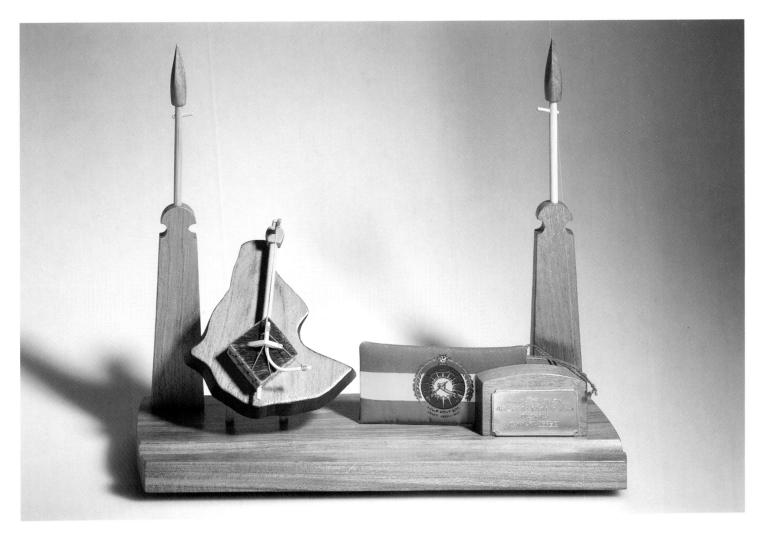

Conversation piece,
Ethiopia 1981
Gift from the Ethiopian Workers'
Party delegation to the SED
10th Party Congress
Wood
38 x 34 x 14 cm

Tischzier, Äthiopien 1981
Geschenk der Delegation der
Arbeiterpartei Äthiopiens an
den X. Parteitag der SED
Holz
38 x 34 x 14 cm

Décoration de table,
Ethiopie 1981
Cadeau de la délégation du Parti
ouvrier d'Ethiopie à l'occasion du
10e Congrès du SED
Bois
38 x 34 x 14 cm

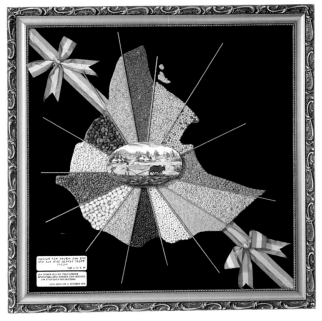

Agriculture,
Ethiopia 1979
Gift from the Ethiopian Farmers'
Association to Erich Honecker
on the occasion of his visit to
Ethiopia in November 1979
Wood, velvet, silk and grain
84 x 86 cm

Landwirtschaft,
Äthiopien 1979
Geschenk des Äthiopischen
Bauernverbandes an Erich
Honecker anläßlich seines
Besuches im November 1979
Holz, Samt, Seide, Getreide
84 x 86 cm

L'Agriculture,
Ethiopie 1979
Cadeau de l'Union des agri-
culteurs éthiopiens à Erich
Honecker à l'occasion de sa
visite en novembre 1979
Bois, velours, soie, céréales
84 x 86 cm

▶
Hammer and sickle,
Portugal 1980s
Gift from the Portuguese
Communist Party to the SED
on the occasion of a Central
Committee delegation visit to
the GDR
Sheet steel and brass
⌀ 29 x 50 cm

Hammer und Sichel,
Portugal 80er Jahre
Geschenk der Portugiesischen
Kommunistischen Partei an die
SED anläßlich des Besuches
einer ZK-Delegation in der DDR
Stahlblech, Messing
⌀ 29 x 50 cm

Faucille et marteau,
Portugal années 80
Cadeau du Parti communiste
portugais au SED à l'occasion
de la visite d'une délégation du
Comité central en RDA
Tôle, laiton
⌀ 29 x 50 cm

III. Congreso del PCC,
Cuba 1986
Gift to the SED delegation at
the Cuban Communist Party's
3rd Party Congress
Ceramic
⌀ 45 x 6 cm

III. Congreso del PCC,
Kuba 1986
Geschenk an die SED-Delega-
tion auf dem III. Parteitag der
Kommunistischen Partei Kubas
Keramik
⌀ 45 x 6 cm

3e Congreso del PCC,
Cuba 1986
Cadeau offert à la délégation
du SED lors du 3e Congrès du
Parti communiste de Cuba
Céramique
⌀ 45 x 6 cm

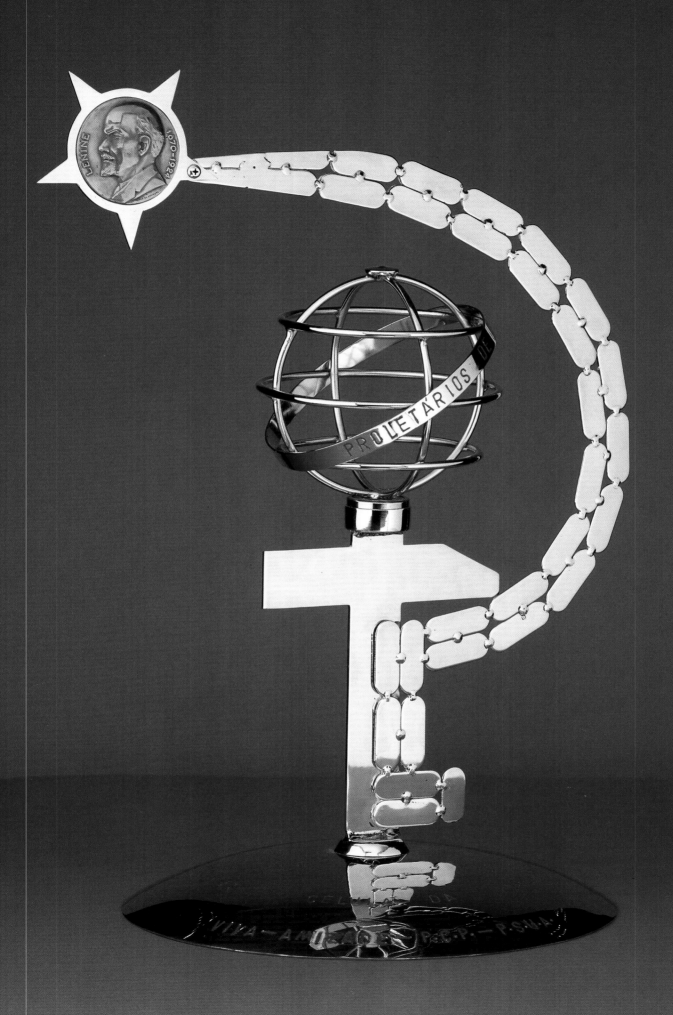

◀
Sculpture, Cuba 1986
Gift to the SED delegation from
the Cuban Communist Party at
the PCC's 3rd Party Congress
Wood
32 x 70 x 32 cm

Plastik, Kuba 1986
Geschenk der Kommunistischen
Partei Kubas an die Delegation
der SED auf dem III. Parteitag
der PCC
Holz
32 x 70 x 32 cm

Sculpture, Cuba 1986
Cadeau du Parti communiste
de Cuba à la délégation du
SED lors du 3e Congrès du PCC
Bois
32 x 70 x 32 cm

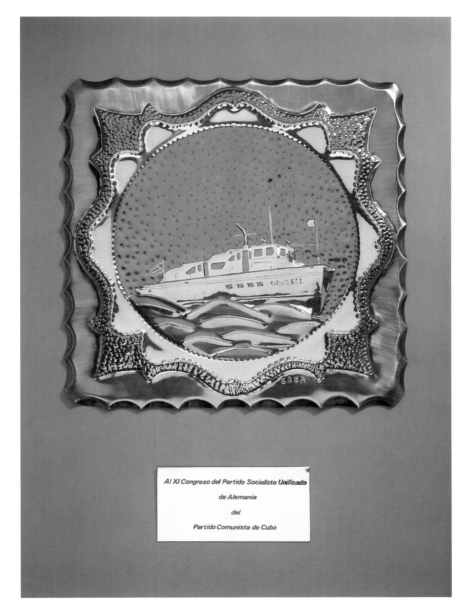

Granma, Cuba 1986
Gift from the Cuban Communist
Party to the SED 11th Party
Congress
Copper
44,5 x 44,5 cm

Granma, Kuba 1986
Geschenk der Kommunistischen
Partei Kubas an den XI. Parteitag
der SED
Kupfer
44,5 x 44,5 cm

Granma, Cuba 1986
Cadeau du Parti communiste de
Cuba à l'occasion du 11e Congrès
du SED
Cuivre
44,5 x 44,5 cm

Dish, Norway 1972
Gift from the Norwegian
Federation of Chemical Workers
to the GDR chemicals union
Zinc
Ø 22.5 x 8 cm

Schale, Norwegen 1972
Geschenk des Norwegischen
Chemiearbeiterbundes an die
Industriegewerkschaft Chemie
Zink
Ø 22,5 x 8 cm

Coupe, Norvège 1972
Cadeau de l'alliance ouvrière
norvégienne des travailleurs de
l'industrie chimique à l'Union
syndicale de l'industrie chimique
Zinc
Ø 22,5 x 8 cm

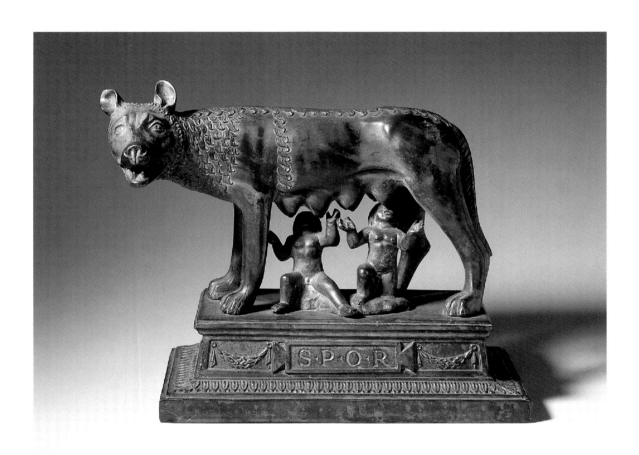

The Capitoline Wolf,
Italy 1972
Gift to the GDR interparlia-
mentary group on the occasion
of their acceptance into the Inter-
parliamentary Union in Rome in
September 1972
Tin
20 x 19 x 10 cm

Kapitolinische Wölfin,
Italien 1972
Geschenk an die Interparlamen-
tarische Gruppe der DDR
anläßlich ihrer Aufnahme in die
Interparlamentarische Union im
September 1972 in Rom
Zinn
20 x 19 x 10 cm

La Louve du Capitole,
Italie 1972
Cadeau au Groupe interparlementaire de la RDA à l'occasion de son admission dans
l'Union interparlementaire en
septembre 1972 à Rome
Etain
20 x 19 x 10 cm

20 years of the Ministry of State Security, GDR 1970
Gift from the Workers' and Peasants' Inspection Committee to the Ministry of State Security
Lead crystal and zinc
Ø 29,5 cm

20 Jahre Ministerium für Staatssicherheit, DDR 1970
Geschenk des Komitees der Arbeiter- und Bauern-Inspektion
Bleikristall, Zink
Ø 29,5 cm

20 années de Ministère de la Sécurité d'Etat, RDA 1970
Cadeau du Comité de l'Inspection ouvrière et agricole
Cristal au plomb, zinc
Ø 29,5 cm

▶
Cup, GDR 1970
Gift from the Berlin transport police on the occasion of the Ministry of State Security's 20th anniversary
Crystal and wood
Ø 16 x 35 cm

Pokal, DDR 1970
Geschenk der Transportpolizei Berlin zum 20. Jahrestag des Ministeriums für Staatssicherheit
Kristall, Holz
Ø 16 x 35 cm

Coupe, RDA 1970
Cadeau de la police des transports berlinoise pour le 20e anniversaire du Ministère de la Sécurité d'Etat
Cristal, bois
Ø 16 x 35 cm

20 years of the Ministry of State Security,
GDR 1970
Gift from SED regional leadership, Gera
China
Ø 36 cm

20 Jahre Ministerium für Staatssicherheit,
DDR 1970
Geschenk der SED-Bezirksleitung Gera
Porzellan
Ø 36 cm

20 années de Ministère de la Sécurité d'Etat,
RDA 1970
Cadeau de la Direction SED du district de Gera
Porcelaine
Ø 36 cm

◀
35 years of the Ministry of State Security, GDR 1985
Gift from the Berlin regional administration of the customs and excise departments
China
Ø 18 x 36 cm

35 Jahre Ministerium für Staatssicherheit, DDR 1985
Geschenk der Bezirksverwaltung der Zollorgane Berlin
Porzellan
Ø 18 x 36 cm

35e anniversaire du Ministère de la Sécurité d'Etat, RDA 1985
Cadeau de l'administration des douanes du district de Berlin
Porcelaine
Ø 18 x 36 cm

▶
Ornamental sword, USSR 1980
Gift from the Moscow sector of the KGB to the Berlin administration of the Ministry of State Security on its 30th anniversary
Steel, wood, perspex and velvet
114 x 14 x 34 cm (in case)

Zierschwert, UdSSR 1980
Geschenk der Moskauer Abteilung des KGB an die Bezirksverwaltung der Staatssicherheit Berlin zum 30. Jahrestag des MfS
Stahl, Holz, Plexiglas, Samt
114 x 14 x 34 cm (Kassette)

Epée décorative, URSS 1980
Offerte par le KGB de Moscou à l'administration du district de la Sécurité d'Etat de Berlin pour le 30ème anniversaire du MSE
Acier, bois, plexiglas, velours
114 x 14 x 34 cm (cassette)

Desk calendar, USSR 1943
Gift from German prisoners
of war in the Soviet Union to
Wilhelm Pieck
Wood
6.5 x 12 x 5.5 cm

Kalender, UdSSR 1943
Geschenk deutscher
Kriegsgefangener in der
Sowjetunion an Wilhelm
Pieck
Holz
6,5 x 12 x 5,5 cm

Calendrier, URSS 1943
Cadeau des prisonniers de
guerre allemands en Union
soviétique à Wilhelm Pieck
Bois
6,5 x 12 x 5,5 cm

One might be forgiven for thinking that birthdays, even those that come in round figures, are essentially private or indeed contemplative occasions. Not so, if the birthday boy happens to be the head of a state or Party or is in some other way in the public eye. In that case, a birthday becomes a public event. The guests can no longer be hand-picked, nor the tidal wave of presents averted. Gifts made to GDR leaders, if they were of the right kind, tended to end up in the museum. They included both highly individual pieces and items off the mass production conveyor belts. These souvenirs sometimes commemorated significant social occasions, sometimes insignificant; some were presented by governments, some by ordinary working people; and, while some might be suited to the personality and office of a president, others were given in friendship or comradeship.

Along with presents to mark birthdays or other occasions in the lives of the state and Party leaders, there are certain items that were presented by home or foreign givers on particular GDR anniversaries. Most of these, and the oldest too, were left by Wilhelm Pieck at his death. One remarkable for its origins was given to him in Moscow in December 1943: a desktop calendar handcrafted out of wood for the Communist leader by German prisoners of war in the Soviet Union. The red crayon inscription reads: »Unity and peace to the German people – Wilhelm Pieck – From anti-fascist prisoners of war in USSR p.o.w. camp 158« (p. 95).

Three presents given to Wilhelm Pieck in Soviet

Geburtstage, auch runde, sind eigentlich ganz private Anlässe zum Feiern und Nachdenken. Nicht aber, wenn der Jubilar an der Spitze eines Staates, einer Partei oder anderweitig im Blickpunkt des öffentlichen Interesses steht. Dann wird der Geburtstag zum gesellschaftlichen Ereignis; man kann sich die Gäste nicht mehr aussuchen, die Flut der Geschenke nicht mehr steuern. Dem Charakter der Präsente entsprechend gelangten zahlreiche Geburtstagsgeschenke der ehemaligen Partei- und Staatsführer der DDR ins Museum.

Unter ihnen befinden sich sowohl sehr individuelle Arbeiten als auch serienmäßig produzierte Souvenirs. Sie reflektieren große gesellschaftliche Ereignisse ebenso wie Belanglosigkeiten, stammen von Regierungen und einfachen Arbeitern, waren der Persönlichkeit und Funktion des Staatspräsidenten oder einfach dem Freund und Genossen gewidmet.

Neben Geschenken zu Geburtstagen oder anderen privaten Jubiläen der Staatsmänner gibt es auch einige Objekte, die in- und ausländische Repräsentanten anläßlich von Jahrestagen der DDR der Partei- und Staatsführung überreichten.

Die meisten und auch ältesten dieser Objekte entstammen dem Nachlaß von Wilhelm Pieck. Eines der seiner Herkunft nach bemerkenswertesten Geschenke erhielt Pieck im Dezember 1943 in Moskau. Es handelte sich um einen handgefertigten Tischkalender aus Holz, der von deutschen Kriegsgefangenen in der Sowjetunion für den KPD-Führer gebastelt worden war. Die mit rotem Farbstift aufgebrachte Widmung

Les anniversaires sont à vrai dire des occasions très privées de fêter et de réfléchir. Ce n'est pas le cas quand la personne concernée se trouve à la tête d'un Etat, d'un parti ou au centre de l'intérêt public. L'anniversaire devient alors un événement, on ne peut plus choisir les invités et les cadeaux déferlent. Selon leur caractère, de nombreux cadeaux d'anniversaire offerts aux anciens leaders est-allemands du Parti et aux chefs de l'Etat se retrouvèrent au Musée.

Ici, on trouve aussi bien des ouvrages très personnels que des souvenirs fabriqués en série. Les présents reflètent de grands événements aussi bien que des futilités, ils ont été offerts par des gouvernements et de simples travailleurs, ils sont dédiés à la personnalité et à la fonction du chef d'Etat ou simplement à l'ami et au camarade.

A côté de cadeaux offerts à l'occasion d'anniversaires ou d'autres célébrations privées existent aussi des objets que les représentants est-allemands ou étrangers ont remis aux dirigeants du Parti et de l'Etat à l'occasion des jours anniversaires de la RDA.

La plupart de ces objets, ce sont aussi les plus anciens, proviennent de la succession de Wilhelm Pieck. Un des cadeaux les plus remarquables de par son origine est celui que reçoit Wilhelm Pieck à Moscou en décembre 1943. Il s'agit d'un calendrier de table en bois, fait à la main par les prisonniers de guerre allemands en Union soviétique pour le chef du Parti communiste allemand. L'inscription à l'encre rouge dit: «La Paix et l'Unité soient avec le peuple allemand – Wilhelm Pieck – des prisonniers de guerre

Birthday and Anniversary Presents

Geburtstags- und Jubiläumsgeschenke

Cadeaux d'anniversaire et présents commémoratifs

Official reception to mark Wilhelm Pieck's 80th birthday, at the Ministerial Hall, on 3 January 1956. Gifts from various delegations were normally presented at receptions such as this.

Offizieller Empfang zum 80. Geburtstag von Wilhelm Pieck im Haus der Ministerien am 3. Januar 1956. Auf diesen Empfängen wurden die Geschenke der verschiedenen Delegationen entgegengenommen.

Réception officielle à l'occasion du 80e anniversaire de Wilhelm Pieck dans le bâtiment ministériel le 3 janvier 1956. Les diverses délégations offraient leurs cadeaux lors de ces réceptions.

exile in 1936, on his sixtieth birthday, have survived. They were made by Soviet industries, using material from the current production line, and represent a kind of gift that seems to have appeared for the first time in the USSR in the 20s. These presents signalled a deliberate rejection of feudal or bourgeois traditions and a liberation from the material and artistic values of an old societal system then supposed defunct, and their meaning to the recipient lay purely in their symbolic function. Doubtless it would be going too far to suggest that there was an individual artistic style of expression peculiar to socialism as practised in the Communist bloc countries – but it remains true that this kind of characteristic symbolic gift was in evidence in almost every east European country till the late 1980s.

»The workers« at the factory or plant in question would normally be identified as the givers of presents of this sort. Thus Wilhelm Pieck was given a ball-bearing mount by the workforce at the 1st State Ball-Bearing Works (p. 97), a clock (inevitably) by the workforce at the 2nd State Clock Factory in Moscow (p. 110), and a smoker's set made of cogwheels by the Sergo Orjonikidse Machine Tools Works (p. 117). In 1954 the workers at Zeulenroda furniture factory took Pieck by surprise when they remembered an anniversary he had probably forgotten himself: in 1894, the President, then an apprentice carpenter, had joined the German Woodworkers' Association, and his fellows in the craft were keen to mark his diamond jubilee as an active member of the trade union movement. On the side of the chest they made to celebrate the occasion is an image of Stalinallee (Stalin Avenue) in East Berlin, which East Germany touted as the premier »socialist street« in »the capital of the GDR« (p. 99).

Naturally the Communist bloc had another tradition, first practised in the Soviet Union: the naming of cities, factories, co-operatives, streets and public amenities after prominent Communist personalities, often when they were still alive. A danger was concealed in this kind of honour, however. If a personality fell out of favour, or was downgraded by his successors, the names all had to be changed. Thus cities, works and streets named after Stalin were renamed almost immediately after the 20th congress of the Soviet Communist Party in 1956, and Stalin memorials were toppled. Stalin was dropped from the leadership hall of fame (cf. p. 66). The boulevard once known as Stalin

lautet: »Einheit und Frieden dem deutschen Volk – Wilhelm Pieck – Von antifaschistischen Kriegsgefangenen des Kriegsgefangenenlagers Nr. 158 in der UdSSR« (S. 95).

Aus dem Jahr 1936 sind drei Präsente erhalten, die Wilhelm Pieck zu seinem 60. Geburtstag im Exil in der UdSSR bekam. Die Stücke wurden von sowjetischen Industriebetrieben aus Materialien und Produkten der laufenden Produktion angefertigt. Sie stellen eine spezielle Art von Gastgeschenken dar, wie sie vermutlich erstmals in den 20er Jahren in der UdSSR auftauchten. In bewußter Abkehr von feudalen und bürgerlichen Traditionen, befreit von den materiellen und künstlerischen Wertvorstellungen der alten, überwunden geglaubten Gesellschaftssysteme, wurden Objekte geschaffen, die sich dem Beschenkten ausschließlich über ihre Symbolik erschlossen. Es wäre sicher übertrieben, von einer eigenständigen, für den »real existierenden Sozialismus« charakteristischen künstlerischen Ausdrucksform zu sprechen, dennoch ist diese Art von symbolischen Geschenken bezeichnend, wie es zahlreiche Beispiele aus fast allen osteuropäischen Ländern bis zum Ende der 80er Jahre belegen.

Als Überbringer solcher Objekte fungierten zumeist pauschal »die Werktätigen« eines Betriebes. So erhielt Wilhelm Pieck von der Belegschaft des Ersten Staatlichen Kugellagerwerkes Kaganowitsch ein Kugellager (S. 97), von den Arbeitern der Zweiten Staatlichen Uhrenfabrik in Moskau natürlich eine Uhr (S. 110) und aus dem Maschinenbaubetrieb Sergo Ordschonikidse ein aus Zahnrädern geformtes Rauchservice (S. 117). Die Möbelwerker aus Zeulenroda überraschten den Präsidenten 1954 zu einem ganz besonderen Jubiläum, an das er vermutlich selbst nicht mehr gedacht hatte: Der Tischlergeselle Wilhelm Pieck war 1894 dem Deutschen Holzarbeiterverband beigetreten, Zeit also, ihm zur 60jährigen Mitgliedschaft in der Gewerkschaftsbewegung zu gratulieren. Auf einer Seitenwand der zu diesem Zweck gebastelten Truhe ist eine Abbildung der Berliner Stalinallee, der ersten »sozialistischen Straße« in der »Hauptstadt der DDR« zu sehen (S. 99).

Hier offenbart sich eine weitere, in den Anfangsjahren der Sowjetunion begründete Tradition, nämlich die Benennung von Städten, Betrieben, Genossenschaften, Straßen und öffentlichen Einrichtungen nach zum Teil noch lebenden Persönlichkeiten der kommuni-

antifascistes du camp de prisonniers n° 158 en URSS» (p. 95).

Le musée possède trois présents que Wilhelm Pieck reçut en 1936 pour son 60ème anniversaire dans son exil en Union soviétique. Ils ont été confectionnés par des usines soviétiques avec les matériaux et les produits de la fabrication en cours. Il s'agit de cadeaux d'un genre particulier, apparu probablement dans les années 20 en Union soviétique. Ces objets se détournent consciemment des traditions féodales et bourgeoises, se libèrent des valeurs matérielles et artistiques de l'ancien système social que l'on croit disparu à jamais, et leur signification est purement symbolique. Il serait sûrement exagéré de parler d'une forme d'expression artistique autonome, caractéristique du réalisme socialiste, mais ce genre de cadeaux symboliques est significatif, et les nombreux exemples dans presque tous les pays de l'Europe de l'Est jusqu'à la fin des années 80 le prouvent amplement.

En général, ce sont «les ouvriers» d'une entreprise qui remettent de tels objets. Le personnel de la première usine nationale de roulements à bille Kaganovitch offre par exemple à Wilhelm Pieck un roulement à bille (p. 97), les ouvriers de la seconde usine nationale d'horlogerie de Moscou lui offrent naturellement un de leurs produits (p. 110), et l'entreprise de construction de machines Sergo Ordchonikidsé lui remet un service pour fumeur constitué de roues d'engrenage (p. 117). Les ouvriers du meuble de Zeulenroda surprendront le Président en 1954 en lui offrant un cadeau pour un anniversaire auquel il ne pensait probablement plus: l'apprenti menuisier Wilhelm Pieck était devenu membre de l'association allemande des ouvriers du bois en 1894. Il était donc temps de le féliciter pour ses 60 années d'appartenance au mouvement syndicaliste. Sur une des faces du coffre confectionné à cet effet on remarque une représentation de la Stalinallee de Berlin, la première «rue socialiste» dans la «capitale de la RDA» (p. 99).

Ici se manifeste une autre tradition dont la cause est à chercher dans les premières années de l'Union soviétique: nous voulons parler de l'appelation de villes, d'exploitations, de syndicats, de rues et d'organisations publiques d'après des personnes de l'ère communiste, dont certaines étaient encore en vie. Cette forme de vénération cache pourtant un danger: si la personne mentionnée tombe en disgrâce ou si son image est dépréciée par ses successeurs, les noms

Ball-bearing mount, USSR 1936
Gift from the 1st State Ball-Bearing Factory, Moscow, to Wilhelm Pieck on the occasion of his 60th birthday
Steel
14 x 14 x 9 cm

Kugellager, UdSSR 1936
Geschenk des Ersten Staatlichen Kugellagerwerkes in Moskau zum 60. Geburtstag von Wilhelm Pieck
Stahl
14 x 14 x 9 cm

Roulement à bille, URSS 1936
Cadeau de la première usine d'Etat de roulements à bille de Moscou à l'occasion du 60e anniversaire de Wilhelm Pieck
Acier
14 x 14 x 9 cm

Cigarette case, USSR 1951
Gift from the USSR to Wilhelm Pieck on the occasion of his 75th birthday
Brass
10 x 12 cm

Zigarettenetui, UdSSR 1951
Geschenk aus der UdSSR zum 75. Geburtstag von Wilhelm Pieck
Messing
10 x 12 cm

Etui à cigarettes, URSS 1951
Cadeau de l'URSS pour le 75ème anniversaire de Wilhelm Pieck
Laiton
10 x 12 cm

Avenue became Karl Marx Avenue, which it remains to this day (though the names of other leading Communists have been largely removed following the velvet revolution in eastern Europe).

In 1946, for his seventieth birthday, Wilhelm Pieck, then leader of the German Communist Party in the Soviet zone of occupation, was given a number of china figurines and a metal sombrero by the Party's cell in Mexican exile (p. 110). Rather more useful, no doubt, was a cigarette case embellished with portraits of Lenin and Stalin which he received from Soviet comrades for his seventy-fifth birthday (p. 97). One motif that recurs insistently in the presents given to him on that birthday and his eightieth is the first of the GDR's five-year plans (pp. 126/127). It was launched in 1951 and declared over in 1955, ahead of schedule, the targets more than met. Even at that date, the propaganda that accompanied the beginnings of an East German planned economy could be grotesque, and the items that recollect this phase will doubtless tickle many now. It would only be fair, however, to bear in mind that in the first decade of the GDR's history the »struggle« to fulfil plans was accompanied by a genuine sense of a fresh start, a new and energetic departure – and in this respect it was finally a more honest thing than the ossified, dogmatic planned economy of the 70s and 80s, with its clichés and hot air. Slogans such as »Peace – Reconstruction – Prosperity«, or the five-year plan emblem together with its motto »The key to our success«, are eloquent not only of the political vocabulary favoured during the 50s but also of the hopes and longings of the East German people.

Among the many campaigns mounted by the Freie Deutsche Jugend (Free German Youth) was the *Wilhelm-Pieck-Folder*, intended to prompt greater effort by the country's young people and the working population in general, to mark the President's eightieth birthday. On this occasion, the apprentices at the Bitterfeld electrochemicals combine gave Pieck a stylish folder containing documents and statements concerning their FDJ group (p. 107). At their deaths, Pieck and Grotewohl left several hundred folders of this kind, with enough material for a hefty tome, or a feature-length satirical programme.

Elsewhere, workers in factories set a good example in cost-cutting. If honorific gifts were produced in series, a given item could be made at a fraction of the

stischen Epoche. Diese Form der Ehrung barg allerdings eine Gefahr: Fiel die betreffende Person in Ungnade oder wurde ihr Bild von den Nachfolgern ins Negative korrigiert, mußten die Namen wieder geändert werden. So verloren zum Beispiel sämtliche Stalinstädte, -werke oder -straßen bereits nach dem XX. Parteitag der KPdSU 1956 ihren »Ehrennamen«; Stalins Denkmal wurde gestürzt; er verschwand aus der Reihe der führenden Köpfe (vgl. S. 66). Die ehemalige Stalinallee heißt noch heute Karl-Marx-Allee, obwohl die Erinnerung an andere Aktivisten der kommunistischen Bewegung nach dem Umbruch in Osteuropa aus den Stadtbildern getilgt wurde.

Als Vorsitzender der KPD in der Sowjetischen Besatzungszone in Deutschland erhielt Wilhelm Pieck 1946 zu seinem 70. Geburtstag neben verschiedenen Porzellanfiguren auch einen Sombrero aus Metall von der Exilgruppe der KPD in Mexiko (S. 110). Praktischer war ein silbernes Zigarettenetui mit den Porträts von Lenin und Stalin, das er zum 75. Geburtstag von Genossen aus der Sowjetunion bekam (S. 97). Ein Motiv, das in seinen Geschenken zum 75. und 80. Geburtstag immer wieder auftaucht, ist der erste Fünfjahrplan der DDR (S. 126/127). Er wurde 1951 beschlossen und 1955 abgerechnet – vorzeitig und übererfüllt. Die Propaganda um die Anfänge der Planwirtschaft in der DDR offenbarte schon in dieser Zeit mitunter groteske Züge, und auch die hier gezeigten Stücke werden heute beim Betrachter bestenfalls ein Schmunzeln hervorrufen. Man sollte jedoch nicht vergessen, daß der »Kampf« um die Planerfüllung im ersten Jahrzehnt der DDR häufig von einer echten Aufbruchstimmung getragen und letztendlich ehrlicher war als die in Phrasen und Dogmen erstarrte Planwirtschaft der 70er und 80er Jahre. Parolen wie »Frieden – Aufbau – Wohlstand« oder das Signet des Fünfjahrplanes mit der Unterschrift »Der Schlüssel unserer Erfolge« stehen nicht nur für die politische Sprachkultur der 50er Jahre, sondern auch für die Hoffnungen und Sehnsüchte der Menschen in der DDR.

Eine der zahlreichen Kampagnen der FDJ, mit denen die Jugendlichen und alle Werktätigen des Landes zu höheren Leistungen stimuliert werden sollten, war das *Wilhelm-Pieck-Aufgebot* zum 80. Geburtstag des Präsidenten. Die Lehrlinge des Elektrochemischen Kombinates Bitterfeld überreichten zu diesem Anlaß eine kunstvoll gestaltete Mappe mit Erklärungen, Bekenntnissen und Verpflichtungen der FDJ-Gruppe

doivent être changés. C'est ainsi que toutes les villes, les usines, les rues comportant le nom de Staline furent déjà «débaptisées» après le 20e Congrès du PCUS en 1956. Le monument de Staline fut abattu, il disparut de la «série» des dirigeants (cf. repr. p.66). L'ancienne Allée Staline s'appelle encore Allée Karl-Marx, bien que le souvenir d'autres activistes du mouvement communiste ait été banni des cités après les bouleversements en Europe de l'Est.

En tant que Président du KPD dans la zone d'occupation soviétique d'Allemagne, Wilhelm Pieck reçoit en 1946 pour son 70ème anniversaire, à côté de diverses figurines de porcelaine, un sombrero en métal, cadeau du groupe exilé du KPD au Mexique (p.110). Les camarades d'Union soviétique lui offrent un cadeau plus pratique pour son 75ème anniversaire: un étui à cigarettes argenté orné des portraits de Lénine et de Staline (p.97). On retrouve dans les cadeaux offerts à l'occasion de son 75ème et de son 80ème anniversaire, le motif du premier plan quinquennal de la RDA (p.126/127). Décidé en 1951, on étudie ses résultats en 1955, avant terme, et il dépasse les normes fixées. La propagande pour l'économie dirigée en RDA manifestait déjà à cette époque des traits grotesques et les objets présentés ici ne pourront, dans le meilleur des cas, qu'arracher un sourire au spectateur d'aujourd'hui. Il ne faut cependant pas oublier que, dans la première décennie, la «lutte» pour réaliser l'objectif fixé par le plan est souvent portée par un véritable climat de renaissance et qu'elle est finalement plus sincère que l'économie planifiée, figée et dogmatique, des années 70 et 80. Des paroles comme «Paix – Construction – Prospérité» ou la signature du plan quinquennal «La clé de nos succès» ne traduisent pas seulement la culture linguistique politique des années 50, mais également les espoirs et les aspirations des habitants de l'Allemagne Démocratique.

L'*Appel Wilhelm Pieck*, organisé à l'occasion du 80ème anniversaire de ce dernier, fut une des nombreuses campagnes de la Fédération de la Jeunesse Allemande (FDJ). Elles servaient à stimuler les jeunes gens et les personnes actives, à augmenter le rendement. Les apprentis du complexe électrochimique de Bitterfeld offriront à cette occasion un catalogue artistement élaboré avec les commentaires, les revendications et les devoirs du groupe FDJ (p.107). On trouve dans les successions de Pieck et Grotewohl

◄ ▲
Chest, GDR 1954
Gift from Zeulenroda
furniture factory to Wilhelm
Pieck on the 60th jubilee
of his trade union
membership
Wood
44 x 26 x 34 cm

Truhe, DDR 1954
Geschenk der Möbelwerke
Zeulenroda an Wilhelm
Pieck anläßlich seines
60jährigen Gewerkschafts-
jubiläums
Holz
44 x 26 x 34 cm

Coffre, RDA 1954
Cadeau des usines de
meubles de Zeulenroda
à Walter Ulbricht, à
l'occasion du 60ème
anniversaire de son
appartenance au Syndicat
Bois
44 x 26 x 34 cm

cost of an individually-crafted piece. The figure of a muscular miner in a combative attitude, an optimistic expression firmly on his face (p. 109), was far and away the most frequently given present for Pieck's eightieth birthday.

He received numerous gifts from comrades in the Federal Republic too. Most of them were little items with some local connection, such as a figure of *Roland* from Bremen (p. 103), or one of Hamburg's typical, sentimental *Hummel* figurines (p. 108).

The GDR leadership's duties routinely included visits to factories. These visits served primarily to demonstrate the closeness of the state and Party leadership to the working classes. In 1953, Prime Minister Otto Grotewohl visited the Ernst Thälmann Polygraphics Works at Saalfeld. He may have been critical of the work being done by the graphic artists and designers there; at all events, for his sixtieth birthday the following year he was presented with an entire collection of draft designs for new product labels (p. 114).

In the 50s, in addition to the obligatory gift, a leader might be honoured by having a work team (at least) named after him. Long before he officially took over the reins of the state and Party, Walter Ulbricht was so popular that labour collectives bore his name as early as 1953. For his sixtieth birthday, one of his work teams presented him with a desktop set praising his endeavours on behalf of »peace, unity, democracy and socialism« (p. 100). Ten years later, as chair of the GDR's Council of State, he received for the first time one of the traditional presents from the Soviet armed forces in Germany – generally bombastic and symbolically top-heavy affairs. That first gift was a model of a Soviet cosmonaut memorial (p. 118). A present from the Soviet armed forces to Otto Grotewohl has survived too, a figure reaching for the stars and thus symbolizing humanity's unceasing striving after higher things – an allegory that recurs frequently in Communist and socialist iconography (p. 116).

The Honecker era, too, in due course provided the Deutsches Historisches Museum with a number of anniversary presents. The desk set given to Erich Honecker, on his sixtieth birthday, by Lieutenant Colonel Kurkotkin, commander in chief of the Soviet armed forces in Germany, and bearing a personal dedication, particularly intrigues all who see it (p. 123). The martial character of the set was no doubt intended to convey that the SED First Secretary could

Gewidmet unserem stellvertretenden
Ministerpräsidenten Walter Ulbricht
zu seinem 60 jährigen Geburtstag
von der Brigade der besten Qualität
„ Walter Ulbricht "
Chemische Werke Buna Schkopau

Peace, Unity, Democracy and Socialism, GDR 1953
Gift from the Walter Ulbricht group at Schkopau chemical works to Ulbricht on the occasion of his 60th birthday
Plastic and steel
19 x 24 x 11 cm

Frieden, Einheit, Demokratie und Sozialismus, DDR 1953
Geschenk der Brigade Walter Ulbricht der Chemischen Werke Schkopau zum 60. Geburtstag ihres Namensgebers
Plaste, Stahl
19 x 24 x 11 cm

Paix, Unité, Démocratie et Socialisme, RDA 1953
Cadeau de la Brigade Walter Ulbricht des usines chimiques de Schkopau pour le 60ème anniversaire de celui dont elle porte le nom
Plastique, acier
19 x 24 x 11 cm

(S. 107). In den Nachlässen Piecks und Grotewohls befinden sich mehrere hundert solcher Mappen, die allein Stoff für ein dickes Buch oder ein abendfüllendes Satireprogramm bieten würden.

Im Gegensatz zu dieser Art von Kampagnen, bei denen meist nicht allzuviel herauskam, zeigten die Werktätigen mehrerer Betriebe, wie man effektiv sparen kann. Ehrengeschenke, in Serie gefertigt, senken die Produktionskosten pro Stück auf einen Bruchteil einer kostspieligen Einzelanfertigung. Die formschöne Plastik eines Bergmanns mit gestähltem Körper, optimistischem Gesichtsausdruck und kämpferischer Haltung war der absolute Renner unter den Präsenten zum 80. Geburtstag von Wilhelm Pieck (S. 109).

Auch von den Genossen aus der Bundesrepublik erhielt der Staatsmann zahlreiche Geschenke. Dabei handelte es sich meist um kleine, ortsspezifische Aufmerksamkeiten, wie die *Roland*-Plastik aus Bremen (S. 103) oder die *Hummel*-Figur aus Hamburg (S. 108).

Betriebsbesuche gehörten zu den alljährlichen Pflichten der führenden Repräsentanten der DDR. Sie dienten in erster Linie dazu, die Verbundenheit der Partei- und Staatsführung mit der Arbeiterklasse zu demonstrieren. Ministerpräsident Otto Grotewohl besuchte 1953 den Polygraphischen Großbetrieb Ernst Thälmann in Saalfeld. Möglicherweise hat er dort die Arbeit der Grafiker und Gestalter kritisiert, so daß er im Jahr darauf zu seinem 60. Geburtstag eine ganze Kollektion von Entwürfen für neue Werbeetiketten geschenkt bekam (S. 114).

In den 50er Jahren sprang dabei neben dem obligatorischen Gastgeschenk häufig noch die »Ehrenbenamung« zumindest einer Brigaden nach dem jeweiligen Gast heraus. Lange bevor er offiziell die Führung von Partei und Staat übernahm, war Walter Ulbricht so populär, daß Arbeitskollektive bereits 1953 seinen Namen trugen. Von einer seiner Brigaden bekam er zum 60. Geburtstag eine Schreibtischdekoration überreicht, die seinen Kampf für »Frieden, Einheit, Demokratie und Sozialismus« würdigte (S. 100). Als Vorsitzender des Staatsrates der DDR erhielt er zehn Jahre später erstmals eines der traditionellen, zumeist bombastischen, symbolüberhäuften Geschenke der sowjetischen Streitkräfte in Deutschland (GSSD). Es handelte sich dabei um das Modell eines sowjetischen *Kosmonautendenkmals* (S. 118). Auch von Otto Grotewohl ist ein Geschenk der GSSD überliefert. Die nach den Sternen greifende Figur symbolisiert das

des centaines d'ouvrages de ce genre qui feraient l'étoffe d'un gros livre ou le thème d'une soirée dans un théâtre de chansonniers.

Contrairement aux organisateurs de ces campagnes, rarement fructueuses au demeurant, les ouvriers de plusieurs entreprises montrent comment faire des économies. La fabrication en série de présents honorifiques fait baisser sérieusement les frais de production à la pièce. Le cadeau qui a eu le plus grand succès à l'occasion du 80ème anniversaire de Wilhelm Pieck est la statue d'un mineur athlétique, respirant l'optimisme et plein d'ardeur belliqueuse (p. 109). Le Président n'est pas oublié de ses camarades ouest-allemands. Les nombreux cadeaux qu'il reçoit sont le plus souvent de petites attentions aux motifs spécifiques d'un certain endroit, par exemple le *Roland* de Brême (p. 103), ou la figurine *Hummel* de Hambourg (p. 108).

Visiter les entreprises est l'un des devoirs des dirigeants est-allemands. Ces visites servent en premier lieu à démontrer le lien entre la direction du Parti et de l'Etat et la classe ouvrière. Le Premier ministre Otto Grotewohl a visité en 1953 la grande entreprise polygraphique Ernst Thälmann à Saalfeld. Peut-être a-t-il critiqué le travail des dessinateurs et concepteurs, ce qui expliquerait qu'il ait reçu l'année suivante, pour son 60ème anniversaire, toute une collection de projets de nouvelles étiquettes publicitaires (p. 114).

Au cours des années 50, il n'est pas rare, en plus du cadeau obligatoire offert à l'invité, de donner son nom à au moins une équipe. Bien avant qu'il ne devienne leader du Parti et chef de l'Etat, Walter Ulbricht était si populaire que les équipes de travail portaient déjà son nom en 1953. A l'occasion de son 60ème anniversaire, il reçoit d'une de ses brigades une décoration de bureau louant son combat pour «la paix, l'union, la démocratie et le socialisme» (p. 100). Dix ans plus tard, il est alors Président du Conseil d'Etat, il reçoit pour la première fois un des cadeaux traditionnels, souvent prétentieux, emphatiques et chargés de symboles des Forces soviétiques en Allemagne: une maquette d'un monument soviétique dédié aux cosmonautes (p. 118). Les Forces soviétiques ont également offert à Otto Grotewohl un cadeau de ce genre. La figure qui essaie d'attraper les étoiles symbolise l'effort d'ascension constant, une allégorie que l'on retrouve souvent dans l'iconographie du mouvement communiste et socialiste (p. 116).

Helm, GDR 1984
Gift from the SED regional leadership in Schwerin to Erich Honecker to mark the 35th anniversary of the GDR
Wood and aluminium
Ø 124 cm

Steuerrad, DDR 1984
Geschenk der SED-Bezirksleitung Schwerin an Erich Honecker zum 35. Jahrestag der DDR
Holz, Aluminium
Ø 124 cm

Volant de direction, RDA 1984
Cadeau de la direction du SED du district de Schwerin à Erich Honecker à l'occasion du 35ème anniversaire de la RDA
Bois, aluminium
Ø 124 cm

Soviet memorial,
USSR 1974
Gift from the Soviet armed forces
in Germany to the SED Central
Committee, the Council of State
and the Council of Ministers of
the GDR to mark East Germany's
silver jubilee
Steel, brass, wood and plastic
∅ 52 x 50 cm

Sowjetisches Ehrenmal,
UdSSR 1974
Geschenk der Gruppe der
Sowjetischen Streitkräfte in
Deutschland an das ZK der
SED, den Staatsrat und den
Ministerrat der DDR zum
25. Jahrestag
Stahl, Messing, Holz,
Kunststoff
∅ 52 x 50 cm

Monument soviétique,
URSS 1974
Cadeau des Forces soviétiques
stationnées en Allemagne au
Comité central du SED, au
Conseil d'Etat et au Conseil
des Ministres de la RDA pour
leur 25ème anniversaire
Acier, laiton, bois, matière
synthétique
∅ 52 x 50 cm

count on the massed firepower of the Soviet Union behind him, and thus settle in to a quiet period in power. The composition – typical in approach, given its origin – does in fact include a number of useful items, regardless of its military character and off-putting design: a radio, a thermometer in the TV mast, a calendar, and four ball-points disguised as missiles. A Soviet-German joint-stock company, SDAG Wismut – which was the last company in East Germany to remain under partial Soviet administration and control (till 1990), because of the uranium it was mining – presented a conversation piece inspired by mining on the same occasion (p. 122).

For his seventieth birthday, Honecker was presented with a pick by the Senftenberg Brown Coal Combine. It was not to be the last he received in his lengthy career as head of state and Party (p. 121). The bismuth workers, honouring an established tradition, selected a particularly fine mineral sample. The musical box they built into the sample seems never to have been used (p. 122).

It was not only the leaders of state and Party that were given these heavily symbolic presents; the tradition was observed at every level of the state and Party hierarchy. Stasi boss Erich Mielke kept a trophy room, as it were, at his headquarters in Normannenstrasse. Numerous honorifics are now on display there, gifts to Mielke or the ministry on a variety of occasions. Some were passed on to the Stasi ministry's information centre, whence they were made over to the Museum für Deutsche Geschichte in 1990. There are the usual plaques and tapestries, but one of the Stasi minister's birthday presents was a rather unusual model of an electric oven (p. 105).

In the GDR, 7 October was a national holiday, an annual celebration of the establishment of the first German workers' and peasants' state, and the date was marked with a grand parade, a government ceremony, and countless local festivities around the country. And every five years, on jubilee occasions, the state and Party leadership celebrated in lavish style. Leaders from friendly countries, and representatives from around the world, would pay their respects to the GDR. Again, it is the presents made by the Soviet armed forces that are especially striking. The model of the Soviet memorial in Treptow Park, which symbolizes the liberation of Germany from fascism and stresses the role played by the Red Army, was a gift to mark

stetige Streben der Menschheit nach Höherem, eine Allegorie, die in der Ikonographie der kommunistischen und sozialistischen Bewegung häufig anzutreffen ist (S. 116).

Auch aus der Ära Honecker sind eine Reihe von Geburtstags- und Jubiläumsgeschenken in den Besitz des Deutschen Historischen Museums gelangt. Eine besondere Faszination löst bei allen Betrachtern die Schreibtischgarnitur aus, die der Chef der GSSD, Generaloberst Kurkotkin, Erich Honecker mit einer persönlichen Widmung zum 60. Geburtstag schenkte (S. 123). Das kriegerische Gebilde sollte den Parteichef der SED davon überzeugen, daß er sich mit der geballten Militärmacht der Sowjetunion im Rücken auf eine ruhige Machtperiode einstellen konnte. Die für ihre Herkunft typische Komposition enthält ungeachtet ihres militaristischen Charakters und des abstoßenden Designs auch eine Reihe nützlicher Dinge: ein Radio, ein Thermometer im Fernsehturm, einen Kalender und vier als Raketen getarnte Kugelschreiber. Auch die SDAG Wismut, die Sowjetisch-Deutsche Aktiengesellschaft, das letzte Unternehmen der DDR, das wegen der strategischen Bedeutung des geförderten Urans bis 1990 teilweise unter sowjetischer Kontrolle und Verwaltung stand, ließ es sich nicht nehmen, mit einer Tischdekoration aus dem Bergbaumilieu des Ehrentages zu gedenken (S. 122).

Zum 70. Geburtstag erhielt Honecker vom Braunkohlenkombinat Senftenberg eine Zierbarte. Es sollte nicht die letzte in seiner langen Laufbahn als Partei- und Staatschef bleiben (S. 121). Die Wismutkumpel knüpften mit ihrem Geschenk an bewährte Traditionen an; diesmal hatten sie einen besonders schönen Mineralbrocken ausgegraben. Die Spieluhr, die sie in das Mineral eingebaut hatten, wurde jedoch nie in Betrieb gesetzt (S. 122).

Doch nicht nur die jeweils amtierenden Partei- und Staatsführer wurden mit den symbolträchtigen Präsenten beglückt. Diese Geschenktradition setzte sich auf allen Ebenen des Partei- und Staatsapparates fort. Stasichef Erich Mielke unterhielt eine eigene Trophäenkammer in seinem Amtssitz in der Normannenstraße. Dort sind in einer kleinen Exposition auch zahlreiche Ehrengeschenke zu besichtigen, die ihm und seinem Ministerium zu verschiedenen Anlässen überbracht wurden. Einige Stücke hat Mielke an das Zentrale Informationszentrum des Ministeriums für Staatssicherheit abgegeben, von wo sie 1990 ins Museum für

Le Deutsches Historisches Museum abrite aussi une série de cadeaux d'anniversaire et de commémoration datant de l'ère Honecker. Tous les spectateurs sont fascinés par une garniture de bureau portant une dédicace personnelle et offerte par le chef des Forces soviétiques, Général Kourkotkin, à Erich Honecker pour son 60ème anniversaire (p. 123). Cette composition guerrière devait persuader le Chef du SED qu'avec l'appui militaire de l'Union soviétique, il pouvait s'attendre à des temps paisibles. L'objet, qui ne peut nier ses origines contient, si l'on oublie son caractère militaire et son design repoussant, nombre d'éléments pratiques: une radio, un thermomètre dans une tour de télévision, un calendrier et quatre stylos à bille camouflés en fusées. Même la Société Anonyme germano-soviétique, la SDAG Wismut, la dernière entreprise est-allemande restée en partie sous contrôle et administration soviétique jusqu'en 1990 à cause de l'importance stratégique de l'uranium extrait, ne laisse pas passer l'occasion de célébrer cette journée avec une décoration de table sur le thème de la mine (p. 122).

Pour son 70ème anniversaire, les mineurs du combinat de la lignite de Senftenberg offrent une rivelaine à Erich Honecker. Ce n'était que le premier d'une série de pics de mineurs qu'il recevra durant tout le long de sa carrière en tant que Secrétaire général du SED et Président du Conseil d'Etat (p. 121).

Le cadeau des mineurs exploitant du bismuth témoigne d'une tradition qui a fait ses preuves, cette fois-ci ils ont découvert un très beau fragment de roche. La boîte à musique qu'ils ont intégrée dans la pierre ne sera jamais utilisée (p. 122).

Mais le leader du Parti et chef d'Etat n'est pas le seul à recevoir des cadeaux chargés de symboles. Cette tradition se poursuit à tous les niveaux de l'appareil de l'Etat et du Parti. Erich Mielke, chef de la Stasi, collectionnait ses trophées dans une pièce de son siège officiel de la Normannenstraße. On peut voir ici les nombreux présents offerts à diverses occasions. Mielke en a fait parvenir quelques-uns au Centre d'information du Ministère de la Sécurité d'Etat, qui les transféra en 1990 au Museum für Deutsche Geschichte. Parmi les cadeaux d'anniversaire offerts au chef de la Stasi, à côté de nombreuses assiettes et tapis muraux se trouve la maquette d'un four électrique (p. 105).

Le 7 octobre était un jour de fête nationale en RDA. On célébrait tous les ans l'anniversaire de la création

Statuette of Roland, FRG 1951
Gift from Bremen Communist
Party members to Wilhelm
Pieck on the occasion of his
75th birthday
Wood
6 x 16 x 4 cm

Roland, BRD 1951
Geschenk von Genossen der
KPD Bremen zum 75. Geburtstag von Wilhelm Pieck
Holz
6 x 16 x 4 cm

Roland, RFA 1951
Offert par les camarades du
PC de Brême pour le 75ème
anniversaire de Wilhelm Pieck
Bois
6 x 16 x 4 cm

Dish, GDR 1968
Gift from the GDR customs
authorities to Walter Ulbricht
on the occasion of his 75th
birthday
Brass and amber
26.5 x 3 x 53 cm

Schale, DDR 1968
Geschenk der Zollverwaltung
der DDR zum 75. Geburtstag
von Walter Ulbricht
Messing, Bernstein
26,5 x 3 x 53 cm

Coupe, RDA 1968
Cadeau de l'administration des
douanes de la RDA à l'occasion
du 75ème anniversaire de Walter
Ulbricht
Laiton, ambre
26,5 x 3 x 53 cm

the GDR's silver jubilee in 1974 (p. 102). The outsized helm presented to Honecker on the 35th anniversary by the Schwerin SED regional leaders (p. 101) alluded to the well-worn image of Erich Honecker as the great helmsman of state. The accompanying letter is a gem, sparkling with all the routine phrases that had become *de rigueur* among the Party leadership echelons. The regional first secretary thanks »our dear comrade Erich Honecker« for his »outstanding personal contribution to the conception and realisation of policies designed to assure the happiness of the people and the safe-guarding of peace«, and asserts that »the people of our region are paying tribute to these fine socialist politics by making greater endeavours than ever before, in every field of society«.

By the time of the 40th anniversary celebrations, however, a gloomy knowledge of imminent upheaval darkened the leaders' festivities – though surely none of them could suspect at the time that it was to be the GDR's very last birthday.

Deutsche Geschichte gelangten. Neben zahlreichen Wandtellern und -teppichen befindet sich unter den Geburtstagsgeschenken des Ministers für Staats-sicherheit auch das Modell eines Elektroofens (S. 105).

Der 7. Oktober war in der DDR Staatsfeiertag. Mit einem großen Wachaufzug, einer Feierstunde der Re-gierung und zahlreichen örtlichen Volksfesten gedach-te man alljährlich des Gründungstages des ersten deutschen Arbeiter- und Bauernstaates. Alle fünf Jahre – zu Jubiläumsjahrestagen – hielt die Partei- und Staatsführung hof. Führende Repräsentanten der befreundeten Staaten und Abgesandte aus aller Welt machten der DDR ihre Aufwartung. Aus der Reihe der zahlreichen zu diesem Anlaß überbrachten Geschenke ragen einmal mehr die Schöpfungen der GSSD heraus. Das Modell des sowjetischen Ehrenmals im Treptower Park z. B., das die Befreiung Deutschlands vom Faschismus und dabei besonders den Anteil der Roten Armee symbolisiert, wurde 1974 zum 25. Jahres-tag überreicht (S. 102). Das überdimensionale Steuer-rad, das Honecker von der SED-Bezirksleitung Schwerin anläßlich des 35. Jahrestages bekam (S. 101), erinnert an die bekannte Allegorie »Erich Honecker, der große Steuermann«. Das dazugehörige Schreiben stellt eine besondere Perle dar. In ihm offenbart sich die ganze Phraseologie im offiziellen Umgang der Parteiführer verschiedener Ebenen untereinander. Der Erste Sekretär der Bezirksleitung dankt dem »lieben Genossen Erich Honecker« für seinen »hohen persön-lichen Beitrag bei der Ausarbeitung und Verwirkli-chung der auf das Glück der Menschen und die Siche-rung des Friedens gerichteten Politik« und versichert, daß diese »gute Arbeiterpolitik (…) von der Bevölke-rung unseres Bezirks mit den bisher höchsten Leistun-gen auf allen Gebieten des gesellschaftlichen Lebens beantwortet« werde.

Bei den Feierlichkeiten zum 40. Jahrestag schwebte über den Herrschenden bereits die düstere Gewißheit bevorstehender Veränderungen. Daß es jedoch der letzte Geburtstag der DDR sein sollte, ahnte zu diesem Zeitpunkt vermutlich keiner von ihnen.

du premier Etat ouvrier et paysan allemand avec force défilés, une heure de fête du gouvernement et de nombreuses fêtes populaires locales. Tous les cinq ans, à ces jours commémoratifs, la direction du Parti et de l'Etat tenait sa cour. Les dirigeants des Etats amis et des délégués de tous les pays présentaient leurs civilités à la RDA. Parmi tous les présents offerts à cette occasion, on remarque, une fois de plus, les créations des Forces soviétiques en Allemagne. La maquette du monument soviétique du parc de Treptov par exemple, qui symbolise la défaite du fascisme en Allemagne et particulièrement le rôle qu'a joué l'Armée rouge, a été offerte en 1974, pour le 25ème anniversaire de la RDA (p. 102). Le volant grand format que la direction de district de Schwerin remet à Honecker à l'occasion du 35ème anniversaire (p. 101), rappelle la fameuse allégorie «Honecker, le grand timonier». La lettre qui l'accompagne est un exemple parfait de la phraséologie dont usent les subordonnés dans leurs relations officielles. Le premier secrétaire de la direction du district remercie le «cher camarade Erich Honecker» pour sa «grande participation personnelle à l'élaboration et la réalisation de la politique orientée sur le bonheur des hommes et la préservation de la paix», et assure que «la population de notre district répond à cette bonne politique ouvrière (…) en montrant les plus hauts rendements dans tous les domaines de la vie sociale».

Le 40ème anniversaire est déjà obscurci par les sombres certitudes de bouleversements prochains. Mais qui se douterait qu'il s'agit du dernier anniversaire de la RDA?

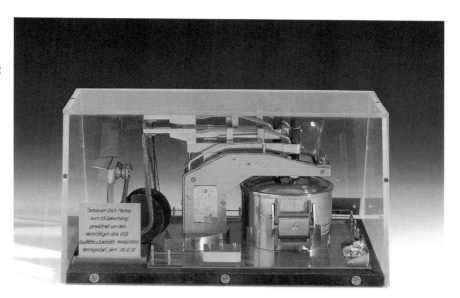

Model of an industrial plant,
GDR 1972
Gift from the workforce of the People's Own Stainless Steel Combine, Hennigsdorf, to Erich Mielke on the occasion of his 65th birthday
Brass, bronze and perspex
24 x 13 x 18 cm

Industriemodell,
DDR 1972
Präsent der Werktätigen des VEB Qualitäts- und Edelstahl-Kombinats Hennigsdorf zum 65. Geburtstag von Erich Mielke
Messing, Bronze, Plexiglas
24 x 13 x 18 cm

Maquette industrielle,
RDA 1972
Présent des ouvriers du combinat VEB d'acier de qualité et d'acier spécial de Hennigsdorf à l'occasion du 65ème anniversaire d'Erich Mielke
Laiton, bronze, plexiglas
24 x 13 x 18 cm

The GDR constitution,
GDR 1968
Gift from the GDR Council of
State to Walter Ulbricht on the
occasion of his 75th birthday
Leather, cardboard and silk
36 x 46 x 8 cm

**Verfassung der Deutschen
Demokratischen Republik,**
DDR 1968
Geschenk des Staatsrates der
DDR zum 75. Geburtstag von
Walter Ulbricht
Leder, Karton, Seide
36 x 46 x 8 cm

**Charte de la République
Démocratique Allemande,**
RDA 1968
Cadeau du Conseil d'Etat de la
RDA à l'occasion du 75ème
anniversaire de Walter Ulbricht
Cuir, carton, soie
36 x 46 x 8 cm

Open book, GDR 1951
Gift from the workforce at Leipzig
South Central Station to Wilhelm
Pieck on the occasion of his 75th
birthday
Brass
22 x 14.5 x 16 cm

Aufgeschlagenes Buch,
DDR 1951
Geschenk der Belegschaft des
Bahnbetriebswerkes Leipzig Hbf.
Süd zum 75. Geburtstag von
Wilhelm Pieck
Messing
22 x 14,5 x 16 cm

Livre ouvert, RDA 1951
Cadeau du personnel du dépôt
de machines de Leipzig Gare
centrale Sud, à l'occasion du
75ème anniversaire de Wilhelm
Pieck
Laiton
22 x 14,5 x 16 cm

Wilhelm-Pieck-Folder,
GDR 1956
Gift from apprentices at the
Bitterfeld electro-chemicals
combine to Wilhelm Pieck on the
occasion of his 80th birthday
Steel, brass, plastic and paper
23 x 3 x 31 cm

Wilhelm-Pieck-Aufgebot,
DDR 1956
Geschenk von Lehrlingen des
Elektrochemischen Kombinates
Bitterfeld zum 80. Geburtstag
von Wilhelm Pieck
Stahl, Messing, Plaste, Papier
23 x 3 x 31 cm

Appel Wilhelm Pieck,
RDA 1956
Cadeau des apprentis du
combinat d'électrochimie de
Bitterfeld pour le 80ème
anniversaire de Wilhelm Pieck
Acier, laiton, plastique, papier
23 x 3 x 31 cm

► **Hummel figurine**, FRG 1951
Gift from a Hamburg Communist
group to Wilhelm Pieck on the
occasion of his 75th birthday
Wood
10 x 24 x 6 cm

Hummel, BRD 1951
Geschenk der KPD-Gruppe aus
Hamburg zum 75. Geburtstag von
Wilhelm Pieck
Holz
10 x 24 x 6 cm

Hummel, RFA 1951
Cadeau du groupe communiste
de Hambourg à l'occasion du
75ème anniversaire de Wilhelm
Pieck
Bois
10 x 24 x 6 cm

►► **Miner**, GDR 1956
Gift from various workforces to
Wilhelm Pieck on the occasion
of his 80th birthday
Plaster
16 x 48 x 13 cm

Bergmann, DDR 1956
Geschenk verschiedener
Betriebsbelegschaften zum
80. Geburtstag von Wilhelm
Pieck
Gips
16 x 48 x 13 cm

Mineur, RDA 1956
Cadeau de différents personnels
d'entreprise à l'occasion du
80ème anniversaire de Wilhelm
Pieck
Plâtre
16 x 48 x 13 cm

Unserem Präsidenten *Wilhelm Pieck*
Zum 80. Geburtstag gewidmet
von d. Kumpeln des Kaliwerks Friedenshall

Clock, USSR 1936
Gift from the 2nd State Clock
Factory, Moscow, to Wilhelm
Pieck on the occasion of his
60th birthday
Steel, glass and rubber
Ø 20 cm

Tischuhr, UdSSR 1936
Geschenk der Zweiten Staatli-
chen Uhrenfabrik in Moskau
zum 60. Geburtstag von Wilhelm
Pieck
Stahl, Glas, Gummi
Ø 20 cm

Horloge de table, URSS 1936
Cadeau de la 2nde usine natio-
nale d'horlogerie de Moscou
pour le 60ème anniversaire de
Wilhelm Pieck
Acier, verre, caoutchouc
Ø 20 cm

Decorative plate, GDR 1956
Gift from workers in Cottbus
district to Wilhelm Pieck on the
occasion of his 80th birthday
Wood
Ø 46 x 6 cm

Schale, DDR 1956
Geschenk von Handwerkern
des Bezirkes Cottbus zum
80. Geburtstag von
Wilhelm Pieck
Holz
Ø 46 x 6 cm

Coupe, RDA 1956
Cadeau des artisans du district
de Cottbus à l'occasion du
80ème anniversaire de Wilhelm
Pieck
Bois
Ø 46 x 6 cm

Sombrero, Mexico 1946
Gift from the German Communist
Party's cell in Mexican exile to
Wilhelm Pieck on his 70th
birthday
Zinc
Ø 29 x 13 cm

Sombrero, Mexiko 1946
Geschenk der KPD-Exilgruppe
in Mexiko zum 70. Geburtstag
von Wilhelm Pieck
Zink
Ø 29 x 13 cm

Sombrero, Mexique 1946
Cadeau du groupe de commu-
nistes exilés au Mexique pour le
70ème anniversaire de Wilhelm
Pieck
Zinc
Ø 29 x 13 cm

Decorative plate, GDR 1951
Gift from the FDJ cell at
Schedewitz worsted weaving mill
to Wilhelm Pieck on the occasion
of his 75th birthday
Wood
Ø 32 cm

Wandteller, DDR 1951
Geschenk der FDJ-Gruppe der
Kammgarnspinnerei Schedewitz
zum 75. Geburtstag von
Wilhelm Pieck
Holz
Ø 32 cm

Assiette murale, RDA 1951
Cadeau du groupe FDJ de la
Filature de laine peignée de
Schedewitz pour le 75ème
anniversaire de Wilhelm Pieck
Bois
Ø 32 cm

Wilhelm Pieck with scouts,
GDR 1956
Gift from the Dresden scouts to
Wilhelm Pieck on the occasion
of his 80th birthday
China
Ø 31 cm

Wilhelm Pieck mit Pionieren,
DDR 1956
Geschenk der Pionierorganisa-
tion der Stadt Dresden zum 80.
Geburtstag von Wilhelm Pieck
Porzellan
Ø 31 cm

Wilhelm Pieck et les éclaireurs,
RDA 1956
Cadeau de l'organisation des
Eclaireurs de Dresde à l'occa-
sion du 80ème anniversaire de
Wilhelm Pieck
Porcelaine
Ø 31 cm

In Dankbarkeit unseremverehrten Präsidenten Wilhelm Pieck
Die Lehrlinge Stahl-u. Brückenbau Ruhland
VEB

Model of a mining truck,
GDR 1956
Gift from apprentices at the
Ruhland People's Own Steel and
Bridge Construction Works to
Wilhelm Pieck on the occasion
of his 80th birthday
Steel
28 x 14 x 22 cm

Modell Hunt,
DDR 1956
Geschenk der Lehrlinge des VEB
Stahl- und Brückenbau Ruhland
zum 80. Geburtstag von Wilhelm
Pieck
Stahl
28 x 14 x 22 cm

Benne de mine,
RDA 1956
Cadeau des apprentis de la VEB
de constructions d'acier et ponts
Ruhland à l'occasion du 80ème
anniversaire de Wilhelm Pieck
Acier
28 x 14 x 22 cm

Pit lamp, FRG 1956
Gift from the Saarland National
Front to Wilhelm Pieck on the
occasion of his 80th birthday
Brass
Ø 6 x 24 cm

Grubenlaterne, BRD 1956
Geschenk der Nationalen Front
des Saargebietes zum 80. Ge-
burtstag von Wilhelm Pieck
Messing
Ø 6 x 24 cm

Lampe de mineur, RFA 1956
Cadeau du Front National de la
Sarre pour le 80ème anniversaire
de Wilhelm Pieck
Laiton
Ø 6 x 24 cm

Wall decoration, FRG 1951
Gift from the Communist works
group at a Westphalian pit to
Wilhelm Pieck on the occasion
of his 75th birthday
Wood, brass and glass
25 x 45 x 8 cm

Wandschmuck, BRD 1951
Geschenk der KPD-Betriebs-
gruppe einer Schachtanlage in
Westfalen zum 75. Geburtstag
von Wilhelm Pieck
Holz, Messing, Glas
25 x 45 x 8 cm

Décoration murale, RFA 1951
Cadeau du groupe communiste
d'entreprise d'une fosse de
Westphalie pour le 75ème
anniversaire de Wilhelm Pieck
Bois, laiton, verre
25 x 45 x 8 cm

Dem Präsidenten Wilhelm Pieck
zu seinem 80. Geburtstag
gewidmet von der
Nationalen Front an der Saar

Cased collection of product labels, GDR 1954
Gift from the Ernst Thälmann
Polygraphics Works in Saalfeld to
Otto Grotewohl on the occasion
of his 60th birthday
Cardboard and paper
31 x 5 x 36 cm (in case)

Kollektion Werbeetiketten,
DDR 1954
Geschenk des Polygraphischen
Großbetriebes Ernst Thälmann
Saalfeld zum 60. Geburtstag von
Otto Grotewohl
Karton, Papier
31 x 5 x 36 cm (Kassette)

Collection d'étiquettes publicitaires, RDA 1954
Cadeau de la grande entreprise
de graphisme Ernst Thälmann
de Saalfeld à l'occasion du
60ème anniversaire d'Otto
Grotewohl
Carton, papier
31 x 5 x 36 cm (cassette)

Vase, USSR 1959
Gift from the council of ministers
of the Ukrainian Soviet Republic
to Otto Grotewohl on the
occasion of his 65th birthday
China
Ø 25 x 54 cm

Vase, UdSSR 1959
Geschenk des Ministerrates der
Ukrainischen Sowjetrepublik zum
65. Geburtstag von Otto
Grotewohl
Porzellan
Ø 25 x 54 cm

Vase, URSS 1959
Cadeau du Conseil des ministres
de la République soviétique
ukrainienne à l'occasion du
65ème anniversaire d'Otto
Grotewohl
Porcelaine
Ø 25 x 54 cm

▶
Figure of an aspiring man,
USSR 1964
Gift from the Soviet armed forces
in Germany to Otto Grotewohl on
the occasion of his 70th birthday
Zinc, brass and wood
21 x 33 x 31 cm

Aufwärtsstrebender Mensch,
UdSSR 1964
Geschenk der Gruppe der
Sowjetischen Streitkräfte in
Deutschland zum 70. Geburtstag
von Otto Grotewohl
Zink, Messing, Holz
21 x 33 x 31 cm

Homme allant de l'avant,
URSS 1964
Cadeau des forces soviétiques
stationnées en Allemagne à
l'occasion du 70ème anniversaire
d'Otto Grotewohl
Zinc, laiton, bois
21 x 33 x 31 cm

Brandenburg Gate,
GDR 1951
Gift from RAW Jena FDJ
(Free German Youth)
group to Wilhelm Pieck
on his 75th birthday
Steel, wood and brass
24 x 16 x 8 cm

Brandenburger Tor,
DDR 1951
Geschenk der FDJ-
Betriebsgruppe des RAW
Jena zum 75. Geburtstag
von Wilhelm Pieck
Stahl, Holz, Messing
24 x 16 x 8 cm

Porte de Brandebourg,
RDA 1951
Cadeau du groupe d'entre-
prise de la FDJ du RAW
de Jena, à l'occasion du
75ème anniversaire de
Wilhelm Pieck
Acier, bois, laiton
24 x 16 x 8 cm

Bull,
GDR 1956
Gift from workers in
Güstrow district to Wilhelm
Pieck on the occasion of
his 80th birthday
Wood
26 x 15 x 12 cm

Stier,
DDR 1956
Geschenk der Werktäti-
gen des Kreises Güstrow
zum 80. Geburtstag von
Wilhelm Pieck
Holz
26 x 15 x 12 cm

Taureau,
RDA 1956
Cadeau des travailleurs
de l'arrondissement de
Güstrow à l'occasion du
80ème anniversaire de
Wilhelm Pieck
Bois
26 x 15 x 12 cm

Smoker's set,
USSR 1936
Gift from the Sergo
Orjonikidse Machine Tools
Works to Wilhelm Pieck on
the occasion of his 60th
birthday
Steel and marble
42 x 12 x 26 cm

Rauchservice,
UdSSR 1936
Geschenk der Werkzeug-
maschinenfabrik Sergo
Ordschonikidse zum 60.
Geburtstag von Wilhelm
Pieck
Stahl, Marmor
42 x 12 x 26 cm

Nécessaire à fumeur,
URSS 1936
Cadeau offert par l'usine
de machines-outils Sergo
Ordchonikidsé à Wilhelm
Pieck pour son 60ème
anniversaire
Acier, marbre
42 x 12 x 26 cm

Ship in a bottle,
GDR 1952
Gift from the permanent
crew of the »Wilhelm
Pieck« to the President at
a reception in January
1952
Glass, wood and paper
24 x 14 x 14 cm

Bottleship, DDR 1952
Geschenk der Stamm-
besatzung des Segelschul-
schiffes Wilhelm Pieck an
den Präsidenten anläßlich
eines Empfanges im
Januar 1952
Glas, Holz, Papier
24 x 14 x 14 cm

Navire en bouteille,
RDA 1952
Cadeau de l'équipage du
voilier-école «Wilhelm
Pieck» au Président à
l'occasion d'une réception
en janvier 1952
Verre, bois, papier
24 x 14 x 14 cm

▲
Cosmos Monument,
USSR 1962
Gift from the Soviet armed
forces in Germany to Walter
Ulbricht on the occasion of
his 70th birthday
Brass, marble and plastic
52 x 60 x 37 cm

Kosmosdenkmal,
UdSSR 1962
Geschenk des Stabes der
Gruppe der Sowjetischen
Streitkräfte in Deutschland
zum 70. Geburtstag von
Walter Ulbricht
Messing, Marmor, Plaste
52 x 60 x 37 cm

Monument au cosmos,
URSS 1962
Cadeau de l'état-major des
Forces soviétiques stationnées
en Allemagne, à l'occasion du
70ème anniversaire de Walter
Ulbricht
Laiton, marbre, plastique
52 x 60 x 37 cm

▶
Conversation piece,
USSR 1968
Gift from the Soviet armed forces
in Germany to Walter Ulbricht on
the occasion of his 75th birthday
Plastic and aluminium
26 x 21 x 7 cm

Tischdekoration,
UdSSR 1968
Geschenk der Luftstreitkräfte
der GSSD zum 75. Geburtstag
von Walter Ulbricht
Plaste, Aluminium
26 x 21 x 7 cm

Décoration de table,
URSS 1968
Cadeau des Forces aériennes
des Forces soviétiques en
Allemagne à l'occasion du 75ème
anniversaire de Walter Ulbricht
Plastique, aluminium
26 x 21 x 7 cm

▶▶
Desktop decoration,
USSR 1969
Gift from the Soviet armed
forces in Germany to Walter
Ulbricht on the occasion of
his 76th birthday
Steel, brass and plastic
30 x 62 x 12 cm

Tischzier,
UdSSR 1969
Geschenk der Gruppe der
Sowjetischen Streitkräfte in
Deutschland zum 76. Geburts-
tag von Walter Ulbricht
Stahl, Messing, Plaste
30 x 62 x 12 cm

Décoration de table,
URSS 1969
Cadeau des Forces soviétiques
en Allemagne à l'occasion du
76ème anniversaire de Walter
Ulbricht
Acier, laiton, plastique
30 x 62 x 12 cm

Birthday Presents | Geburtstagsgeschenke | Cadeaux d'anniversaire

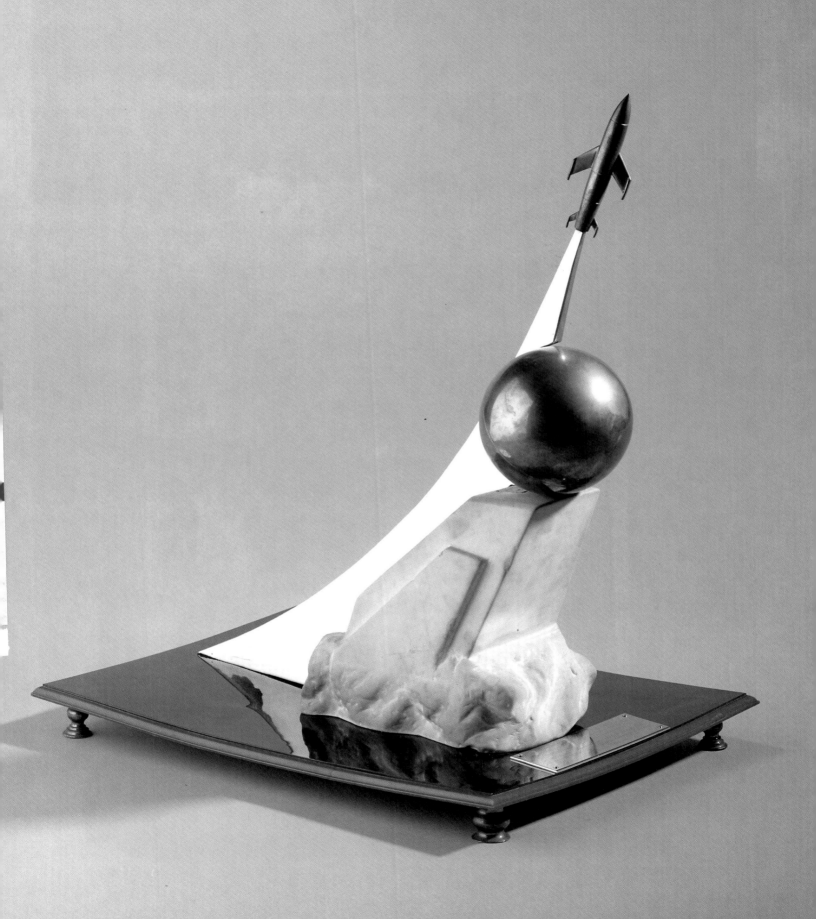

Birthday Presents | Geburtstagsgeschenke | Cadeaux d'anniversaire

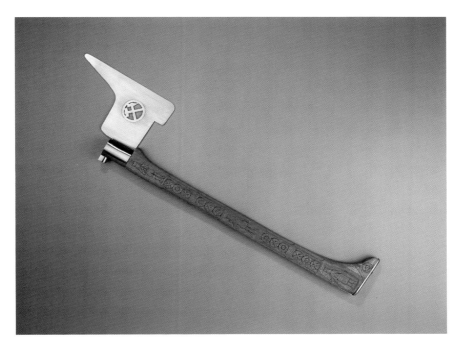

Pick, GDR 1982
Gift from the Senftenberg
People's Own Brown Coal
Combine to Erich Honecker
on the occasion of his 70th
birthday
Steel, copper and wood
20 x 85 x 3 cm

Zierbarte, DDR 1982
Geschenk des VEB
Braunkohlenkombinates
Senftenberg zum 70. Ge-
burtstag von Erich Honecker
Stahl, Kupfer, Holz
20 x 85 x 3 cm

Rivelaine, RDA 1982
Cadeau du combinat VEB
de lignite de Senftenberg à
l'occasion du 70ème anni-
versaire d'Erich Honecker
Acier, cuivre, bois
20 x 85 x 3 cm

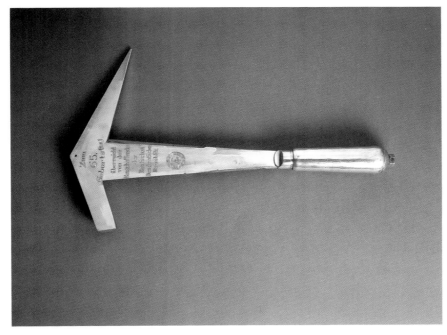

Roofing tools, GDR 1977
Gift from the wood-
workers' union to Erich
Honecker on the occasion
of his 65th birthday
Steel and chromium
20 x 30 x 2 cm

Dachdeckerwerkzeug,
DDR 1977
Geschenk der IG Bauholz
zum 65. Geburtstag von
Erich Honecker
Stahl, Chrom
20 x 30 x 2 cm

Outil de couvreur, RDA 1977
Cadeau du Syndicat du bois de
construction à l'occasion du
65ème anniversaire d'Erich
Honecker
Acier, chrome
20 x 30 x 2 cm

◀

Conversation piece, GDR 1972
Gift from the Wismut SED
leadership to Erich Honecker on
the occasion of his 60th birthday
Wood, minerals and brass
22.5 x 20.5 x 20 cm

Tischdekoration, DDR 1972
Geschenk der SED-Gebiets-
leitung Wismut zum 60. Geburtstag von Erich Honecker
Holz, Mineralien, Messing
22,5 x 20,5 x 20 cm

Décoration de table, RDA 1972
Cadeau de la direction locale du
SED de Wismut à l'occasion du
60ème anniversaire d'Erich Honecker
Bois, roches, laiton
22,5 x 20,5 x 20 cm

Musical clock »Glück auf«,
GDR 1982
Gift from SDAG Wismut to Erich
Honecker on the occasion of his
70th birthday
Marble, minerals, wood and brass
46 x 21 x 26 cm

Spieluhr Glück auf,
DDR 1982
Geschenk der SDAG Wismut
an Erich Honecker zum 70.
Geburtstag
Marmor, Mineralien, Holz,
Messing
46 x 21 x 26 cm

Boîte à musique,
RDA 1982
Cadeau de la SDAG Wismut
pour le 70ème anniversaire
d'Erich Honecker
Marbre, roches, bois, laiton
46 x 21 x 26 cm

Desk piece – mining,
GDR 1968
Gift from the directorate of SDAG
Wismut to Walter Ulbricht on the
occasion of his 75th birthday
Marble and mineral samples
27 x 18 x 16 cm

Tischdekoration,
DDR 1968
Geschenk der Generaldirektion
der SDAG Wismut zum 75. Geburtstag von Walter Ulbricht
Marmor, Mineralien
27 x 18 x 16 cm

Décoration de table,
RDA 1968
Cadeau de la direction générale de la
SDAG Wismut à l'occasion du 75ème
anniversaire de Walter Ulbricht
Marbre, roches
27 x 18 x 16 cm

Birthday Presents | Geburtstagsgeschenke | Cadeaux d'anniversaire

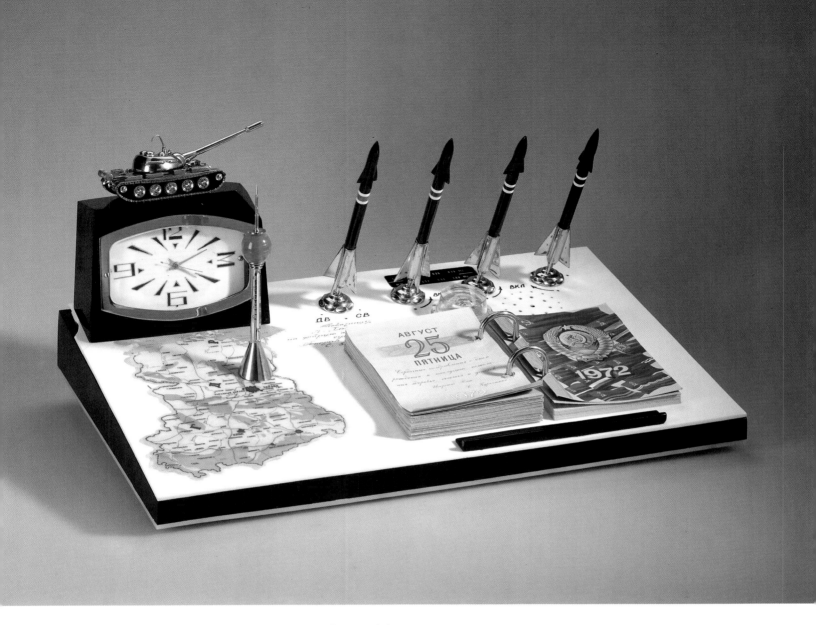

Desk set,
USSR 1972
Gift from Lieutenant Colonel
Kurkotkin to Erich Honecker on
the occasion of his 60th birthday
Plastic, brass and paper
50 x 24 x 30 cm

Schreibtischgarnitur,
UdSSR 1972
Geschenk von Generaloberst
Kurkotkin zum 60. Geburtstag
von Erich Honecker
Plaste, Messing, Papier
50 x 24 x 30 cm

Garniture de bureau,
URSS 1972
Cadeau du Général Kourkotkin
pour le 60ème anniversaire
d'Erich Honecker
Plastique, laiton, papier
50 x 24 x 30 cm

Desktop piece,
USSR 1979
Gift from the Soviet armed forces
in Germany to the SED Central
Committee on the 30th anni-
versary of the GDR
Wood, brass and plastic
48 x 46 x 32 cm

Schreibtischdekoration,
UdSSR 1979
Geschenk der Gruppe der
Sowjetischen Streitkräfte in
Deutschland an das ZK der
SED zum 30. Jahrestag der
DDR
Holz, Messing, Plaste
48 x 46 x 32 cm

Décoration de bureau,
URSS 1979
Cadeau des Forces soviétiques
stationnées en Allemagne au
Comité central du SED, à l'occasion du 30ème anniversaire
de la RDA
Bois, laiton, plastique
48 x 46 x 32 cm

Desk set,
USSR 1974
Gift from the Soviet armed forces
in Germany to Willi Stoph on the
occasion of his 60th birthday
Glass, plastic and brass
40.5 x 22 x 23 cm

Schreibtischgarnitur,
UdSSR 1974
Geschenk der Gruppe der
Sowjetischen Streitkräfte in
Deutschland zum 60. Geburts-
tag von Willi Stoph
Glas, Plaste, Messing
40,5 x 22 x 23 cm

Garniture de bureau,
URSS 1974
Cadeau des Forces soviétiques
stationnées en Allemagne pour
le 60ème anniversaire de
Willi Stoph
Verre, plastique, laiton
40,5 x 22 x 23 cm

1951 – 1955

5

◀

Five-year plan,
GDR 1956
Gift from Finkenheerd apprentice
workshop to Wilhelm Pieck on
the occasion of his 80th birthday
Wood and brass
Ø 15 x 19 cm

Fünfjahrplan,
DDR 1956
Geschenk der Lehrwerkstatt
Finkenheerd zum 80. Geburtstag
von Wilhelm Pieck
Holz, Messing
Ø 15 x 19 cm

Plan quinquennal,
RDA 1956
Cadeau de l'atelier d'appren-
tissage Finkenheerd pour le
80ème anniversaire de Wilhelm
Pieck
Bois, laiton
Ø 15 x 19 cm

Five-year plan,
GDR c. 1952
Memento from the apprentice
workshop at the SAG Saxon
Works, Radeberg; recipient
and exact occasion unknown
Wood, cast iron and brass
13 x 16 x 8 cm

Fünfjahrplan,
DDR um 1952
Erinnerungsgeschenk der Lehr-
werkstatt des SAG-Betriebes
Sachsenwerk Radeberg, konkrete
Bestimmung unbekannt
Holz, Gußeisen, Messing
13 x 16 x 8 cm

Plan quinquennal,
RDA vers 1952
Souvenir de l'atelier d'appren-
tissage de la SAG (société
anonyme soviétique) Sachsenwerk de Radeberg.
Destination inconnue
Bois, fonte, laiton
13 x 16 x 8 cm

Five-year plan,
GDR 1951
Gift from workers at the Senften-
berg brown coal mine to Wilhelm
Pieck on the occasion
of his 75th birthday
Cast iron
17 x 16 x 7 cm

Fünfjahrplan,
DDR 1951
Geschenk der Kumpel des
Braunkohlereviers Senftenberg
zum 75. Geburtstag von Wilhelm
Pieck
Gußeisen
17 x 16 x 7 cm

Plan quinquennal,
RDA 1951
Cadeau des camarades du
gisement de lignite Senftenberg
pour le 75ème anniversaire de
Wilhelm Pieck
Fonte
17 x 16 x 7 cm

Prepared elephant's foot,
India 1950s
Memento in Wilhelm Pieck's
collection; origin and occasion
unknown
Hide and horn
Ø 36 x 29 cm

Präparierter Elefantenfuß,
Indien 50er Jahre
Erinnerungsstück unbekannter
Bestimmung aus dem Nachlaß
von Wilhelm Pieck
Leder, Horn
Ø 36 x 29 cm

**Pied d'éléphant-corbeille à
papier**, Inde années 50
Souvenir d'origine et de desti-
nation inconnues, héritage de
Wilhelm Pieck
Cuir, corne
Ø 36 x 29 cm

As well as presents, from home and abroad, to mark personal occasions or specific events, the »Special Inventory« includes a large number of items outside the categories we have already looked at. Among them are commissioned works intended to bolster the status of various organizations or lend prestige to occasions, and gifts presented to labour collectives, industries or institutions to honour their exemplary performance in the establishment of socialism. There are also some individual items concerning which we have no concrete data that could pinpoint their origin or purpose. Wilhelm Pieck, for instance, left presents from Asia that must have entered the President's possession in some way that can no longer be reconstructed. A wastepaper basket made out of an elephant's foot (p. 129) probably originated in India; nowadays, people tend to be revolted or outraged by it, but in the 50s the protection of animals was low on international agendas, and, in any case, the ethical values of a donor country might not coincide with those of central Europe. Much the same applies to one of the most appealing items in the collection, an artistic ivory carving from Vietnam dating from the brief interim period of peace and reconstruction between the war of independence and American intervention (p. 152). Since this article uses only motifs relating to the everyday life of the Vietnamese, it holds some interest for ethnographers.

The World Festival of Youth held in Havana in 1978 gave the Cuban Party a pretext to make up little sacks of sand (p. 154). It is a commonplace that Marxism-

Neben den personen- oder ereignisbezogenen Geschenken aus dem In- und Ausland gibt es im »Sonderinventar« eine Vielzahl von Objekten, die sich in keine der bisher beschriebenen Kategorien ein-ordnen lassen. Dazu gehören ebenso Auftragswerke, die zu Repräsentationszwecken für verschiedene Organisationen und Anlässe gefertigt wurden, wie Objekte, die Arbeitskollektiven, Betrieben oder Institu-tionen als Auszeichnung für vorbildliche Leistungen beim Aufbau des Sozialismus verliehen wurden. Es gibt aber auch einzelne Stücke, für deren Herkunft und Bestimmung konkrete Anhaltspunkte fehlen.

Im Nachlaß von Wilhelm Pieck z. B. fanden sich Präsente aus dem asiatischen Raum, von denen sich nicht mehr feststellen läßt, wie sie in den Besitz des DDR-Präsidenten gelangten. Der aus einem Elefan-tenfuß hergestellte Papierkorb (S. 129) kommt vermut-lich aus Indien und löst beim heutigen Betrachter Abscheu und Empörung aus. Den Problemen des Tier-schutzes wurde aber in den 50er Jahren allgemein wenig Aufmerksamkeit geschenkt, und die ethischen Wertvorstellungen des Ursprungslandes lassen sich nicht nach mitteleuropäischen Maßstäben beurteilen. Ähnliches gilt auch für eines der attraktivsten Stücke der Sammlung, eine kunstvolle Elfenbeinschnitzerei aus Vietnam, die die kurze Phase des friedlichen Auf-baus zwischen Unabhängigkeitskrieg und amerikani-scher Intervention repräsentiert (S. 152). Die aus-schließliche Verwendung von Motiven aus dem Alltagsleben des asiatischen Volkes macht das Stück sicher auch für Ethnographen interessant.

A côté des présents originaires d'Allemagne de l'Est et de l'étranger, se référant à des personnes ou des événements, le «Fonds RDA» recèle une quantité d'objets qui n'entrent dans aucune des catégories décrites jusqu'ici. Il s'agit aussi bien d'ouvrages de commande, confectionnés pour différentes organisations et occasions dans un but représentatif, que d'objets attribués à des collectifs de travail, des entreprises ou des institutions afin de les récompenser pour leurs mérites exemplaires dans la construction du socialisme. Il existe également quelques objets, dont nous ne connaissons ni l'origine ni la destination.

Il est, par exemple, impossible de dire comment les cadeaux en provenance de l'espace asiatique découverts dans l'héritage de Wilhelm Pieck sont entrés en possession du Président de la RDA. La corbeille à papier réalisée à partir d'un pied d'éléphant (p. 129) est sans doute d'origine indienne et provoque chez le spectateur actuel un sentiment de répugnance et d'indignation. Mais on accordait en général peu d'attention à la protection animale dans les années 50, et on ne peut juger les valeurs éthiques des pays d'origine d'après nos critères européens. Ceci est également vrai pour l'une des pièces les plus séduisantes de la collection, un objet en ivoire artistement sculpté, qui représente la courte phase d'édification de la paix entre la guerre d'indépendance et l'intervention américaine (p. 152). L'utilisation exclusive de motifs de la vie quotidienne du peuple asiatique rend cet objet sûrement intéressant pour les ethnographes.

Le festival de la Jeunesse et des Etudiants, qui s'est

Awards and other Special Items

Auszeichnungen und Sonderanfertigungen

Décorations et fabrications hors-série

Richard Sorge, GDR 1980s
Origins and recipient unknown
Suede (?) and wood
82 x 138 cm

Richard Sorge, DDR 80er Jahre
Herkunft und Bestimmung
unbekannt
Velours (?), Holz
82 x 138 cm

Richard Sorge, RDA années 80
Origine et destination inconnues
Velours (?), bois
82 x 138 cm

Leninism had long since become a religion rather than merely a political philosophy — and it therefore needed relics and sacred places. The function that water from Lourdes or dust from Christ's *via dolorosa* might have for Christians was served by sand from the Bay of Pigs, where Fidel Castro's troops had repulsed an invasion by Cuban exiles and foreign mercenaries in September 1961. Another relic of this kind is soil from Lenin's birthplace, packaged in true souvenir style (p. 155). The major figures in leftist political life played an important part in all the rituals of East German social organizations. Marx, Engels and Lenin were of course the indispensable cornerstones of Communist ideology; Karl Liebknecht and Rosa Luxemburg, who prompted the foundation of the German Communist Party, and Party leader Ernst Thälmann (the stuff of legend), were likewise invariably at the heart of things; and men and women of the anti-fascist resistance, or from the (inter)national labour movement, also served these ends. In choosing these figureheads, the Stasi ministry preferred those who could be presented as fighters against fascism and imperialism, such as Felix Dzerzhinsky, founder of the Soviet Cheka (Lenin's secret police, a forerunner of the KGB); the German journalist and Soviet counter-intelligence agent Richard Sorge; Harro Schulze-Boysen and Arvid Harnack, the leaders of the Red Chapel, a secret anti-fascist organization; or notorious Soviet spy Rudolf Ivanovich Abel. These people regularly featured on honorifics and status gifts (p. 130/150).

The clenched fist was one of the traditional symbols of the workers' movement everywhere, including Germany. At the time of the Weimar Republic, leftist comrades raised it in salute — but also, needless to say, needed their fists for hands-on purposes in fighting SA thugs. The tradition of that Red Front was upheld in East Germany, particularly within the security services. Honecker too liked to strike the pose associated with Thälmann at all manner of parades and ceremonies. Fists of many colours were used to point to »proletarian internationalism«, one of the cornerstones of Marxist-Leninist ideology. Those reproduced here are from the Stasi ministry's information centre (p. 140/141).

The GDR's leadership echelons liked to stress their own working class roots. Pieck and Ulbricht had trained as carpenters, Grotewohl as a printer, Stoph as a brickbuilder and Honecker as a roofer; and all saw their origins in working class families as a key creden-

Anlaß für die Herstellung kleiner Sandsäckchen boten die Weltfestspiele der Jugend und Studenten 1978 in Havanna (S. 154). Die in den Rang einer Religion erhobene Weltanschauung des Marxismus-Leninismus brauchte natürlich auch ihre Reliquien und ihre »heiligen« Orte. Anstelle von Wasser aus der Quelle von Lourdes oder Staub vom Leidensweg Christi präsentierten die Marxisten Sand aus der Schweinebucht, in der die revolutionären Truppen Fidel Castros im September 1961 einen Invasionsversuch von Exilkubanern und ausländischen Söldnern zurückschlugen. Ein weiteres Geschenk dieser Kategorie ist die souvenirgerecht verpackte Muttererde aus dem Geburtsort Lenins (S. 155).

Politische Leitfiguren spielten in den Ritualen aller gesellschaftlichen Organisationen der DDR eine bedeutende Rolle. Neben Marx, Engels und Lenin als theoretischen Begründern einer Weltanschauung, Karl Liebknecht und Rosa Luxemburg als Initiatoren der Gründung der Kommunistischen Partei und dem legendären Parteiführer Ernst Thälmann fungierten als solche oft Männer und Frauen aus dem antifaschistischen Widerstand und der (inter)nationalen Arbeiterbewegung. Das Ministerium für Staatssicherheit bevorzugte bei der Wahl seiner Vorbilder verdiente Personen im konspirativen Kampf gegen Faschismus und Imperialismus wie den Gründer der sowjetischen Staatssicherheitsorganisation Tscheka (Vorläufer des KGB), Felix E. Dserschinski, den deutschen Journalisten und Agenten im Dienste der sowjetischen Abwehr, Richard Sorge, die führenden Köpfe der antifaschistischen Geheimorganisation Rote Kapelle, Harro Schulze-Boysen und Arvid Harnack, oder den berüchtigten sowjetischen Spion Rudolf Iwanowitsch Abel. Diese Leitfiguren tauchten auf Ehrengeschenken und Repräsentationsobjekten immer wieder auf (S. 130/150).

Die geballte Faust ist eines der traditionellen Symbole der deutschen Arbeiterbewegung. Sie diente den Genossen des Rotfrontkämpferbundes in der Weimarer Republik nicht nur als Kampfgruß, sondern auch als Instrument in den handfesten Auseinandersetzungen mit den SA-Schlägern. Der Tradition des Rotfrontkämpferbundes wurde vorwiegend innerhalb der DDR-Sicherheitsorgane gehuldigt. Aber auch Honecker präsentierte sich bei Paraden und Zeremonien aller Art gerne in der Thälmann-Pose. Die verschiedenfarbigen Fäuste verweisen offensichtlich auf

déroulé en 1978 à La Havane (p. 154), a été l'occasion de fabriquer de petits sacs de sable. La vision du monde marxiste-léniniste, élevée au rang de religion, avait naturellement aussi besoin de reliques et de lieux «saints». Au lieu d'eau de Lourdes ou de poussière du Chemin de Croix, les marxistes présentent du sable de la Baie des Cochons, lieu où les troupes révolutionnaires de Fidel Castro repoussèrent en 1961 une tentative d'invasion de Cubains exilés et de mercenaires étrangers. Dans cette catégorie de présents on trouve aussi, emballée comme il se doit pour un souvenir, un peu de terre de la patrie de Lénine (p. 155).

Les personnages politiques éminents jouent un rôle important dans les rituels de toutes les organisations de la RDA. A côté de Marx, Engels et Lénine, théoriciens du socialisme, de Karl Liebknecht et Rosa Luxemburg, initiateurs de la fondation du Parti communiste allemand et du chef du Parti légendaire Ernst Thälmann, on découvre souvent des hommes et des femmes issus de la résistance antifasciste et du mouvement ouvrier (inter)national. Le Ministère de Sécurité d'Etat préfère choisir des personnes ayant fait leurs preuves dans la lutte secrète contre le fascisme et l'impérialisme, tels Félix E. Dzerjinski, fondateur de la Tchéka (police politique soviétique qui a précédé le KGB); Richard Sorge, le journaliste allemand et agent du contre-espionnage soviétique; Harro Schulze-Boysen et Arvid Harnack, les dirigeants de l'organisation secrète antifasciste Chapelle rouge, ou Rudolf Ivanovitch Abel, l'espion soviétique de triste réputation. On retrouve sans cesse ces personnages sur les présents honorifiques et les objets représentatifs (p. 130/150).

Le poing fermé est un des symboles traditionnels du mouvement ouvrier allemand. Il ne sert pas qu'à saluer les camarades du Rotfrontkämpferbund (Union des combattants du Front rouge), il se révèle également utile dans les rudes démêlés avec les hommes de la SA. La tradition du Rotfrontkämpferbund sera surtout préservée à l'intérieur des organes de sécurité de la RDA. Mais Honecker adopte également volontiers la pose de Thälmann dans les parades et cérémonies en tout genre. Les poings de différentes couleurs renvoient manifestement à «l'internationalisme prolétarien» souvent évoqué, un des piliers de la vision du monde marxiste-léniniste. Les exemplaires présentés ici proviennent du centre d'informations du Ministère

Wilhelm Pieck, GDR 1975
Special issue by the People's Own Electrophysics Works, Neuruppin, to mark the centenary of Wilhelm Pieck's birth
Copper
31 x 44 cm

Wilhelm Pieck, DDR 1975
Sonderanfertigung des VEB Elektrophysikalische Werke Neuruppin zu Ehren des 100. Geburtstags von Wilhelm Pieck
Kupfer
31 x 44 cm

Wilhelm Pieck, RDA 1975
Fabrication hors-série de la VEB d'électrophysique de Neuruppin pour le centenaire de Wilhelm Pieck
Cuivre
31 x 44 cm

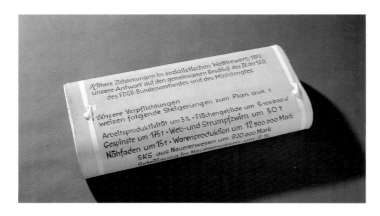

Bolt of cloth with competition guidelines, GDR 1972
Gift from the Oberlausitz textile works to the trade unions congress committee
Linen and card
60 x 11 x 27 cm

Stoffballen mit Wettbewerbsverpflichtungen, DDR 1972
Geschenk der Oberlausitzer Textilbetriebe an den Bundesvorstand des FDGB
Leinen, Pappe
60 x 11 x 27 cm

Balles de tissu avec engagements au concours, RDA 1972
Cadeau de l'entreprise textile de Oberlausitz à la présidence fédérale de la Confédération des syndicats allemands
Lin, carton
60 x 11 x 27 cm

tial for the leadership of the German workers' and peasants' state. Erich Honecker was forever being reminded by the ruling proletariat that he was one of them. Doubtless in his life as a roofer he never possessed a tenth of the tools he was later given as head of state and Party (pp. 133/146/147).

Socialist competitiveness was intended to encourage the workforces of East Germany, and other socialist countries, to greater productivity, in order to close the gap between the leading industrial nations of the West and the Communist bloc. Competitions were held at various levels, and were regularly assessed on the occasion of social highlights such as May Day, the GDR's anniversary holiday on 7 October, and Party or trade union congresses. Often, productivity competitions were held to mark these events, but there were also special campaigns, complete with flowery slogans. »The work we do today equals the way we live tomorrow,« ran one such slogan in 1953. The Riesa Steel and Rolling Mill's pipe manufacturing force decided that »every mark, every working hour and every gram of material must be made more productive«, and they made a steel piping table set to drive the message home (p. 144). In this respect too, the bismuth workforce set a good example to workers elsewhere in the GDR. In 1971 they campaigned for more uranium for the Soviet Union. »Honour for the Party and benefit for us all,« ran their motto: »Strength for the GDR, every day at every place of work!« (p. 144). Another strategy for increasing production was the innovation movement, which drew on suggestions from the workforce for improving work procedures or economizing on time, labour or material. The best ideas were showcased at trade fairs every year, and prizes awarded. In 1985, to mark the 14th GDR innovation exhibition, the Ministry of the Interior offered a special award for innovation within its own ranks, an award that finally turned up in the Berlin headquarters of the *Volkspolizei*, the German »people's police« (p. 145). Those who wanted to make a particularly positive impression might choose a tactically favourable moment, such as a reply to a welcome resolution by the SED, to publicize new competition guidelines (p. 132). If »Neues Deutschland« reported the proposals in its columns, that was sufficient and the goal had been reached: the leadership's ear had been won, loyalty to state and Party demonstrated. Those who took such pains might be rewarded with a new holiday home, a kindergarten, renovation of a works

den häufig beschworenen »proletarischen Internationalismus«, eine der Säulen der marxistisch-leninistischen Weltanschauung. Die hier gezeigten Exemplare stammen aus dem Zentralen Informationszentrum des Ministeriums für Staatssicherheit (S. 140/141).

Führende Repräsentanten der DDR beriefen sich gern auf ihre Herkunft aus der Arbeiterklasse. Die Tischler Pieck und Ulbricht, der Buchdrucker Grotewohl, der Maurer Stoph und der Dachdecker Honecker sahen in ihrer Abstammung aus Arbeiterfamilien einen Teil ihrer Legitimation für den Führungsanspruch im deutschen Arbeiter- und Bauernstaat. Erich Honecker wurde von der »herrschenden Klasse« immer wieder signalisiert, daß er doch einer der ihren sei. Vermutlich hat er in seinem ganzen Berufsleben als Dachdecker nicht soviel Werkzeug besessen wie später in Form von Präsenten als Partei- und Staatschef (S. 133/146/147).

Der »Sozialistische Wettbewerb« sollte die Werktätigen der DDR – wie auch der anderen sozialistischen Länder – zu höherer Produktivität anspornen, um den Rückstand gegenüber den führenden Industrieländern des Westens aufzuholen. Diese Wettbewerbe wurden auf verschiedenen Ebenen geführt und regelmäßig zu gesellschaftlichen Höhepunkten wie dem 1. Mai, dem Jahrestag der DDR am 7. Oktober, Parteitagen oder Gewerkschaftskongressen ausgewertet. Häufig gab es Produktionswettbewerbe zu Ehren solcher Ereignisse; es wurden aber auch spezielle Kampagnen mit blumigen Bezeichnungen ins Leben gerufen: »So, wie wir heute arbeiten, wird morgen unser Leben sein« war 1953 eine der Devisen. Die Rohrwerker des Stahl- und Walzwerkes Riesa wollten »aus jeder Mark, jeder Stunde Arbeitszeit, jedem Gramm Material einen größeren Nutzeffekt« erzielen und schufen aus diesem Anlaß eine Tischzier aus Stahlrohren (S. 144). Die Wismutkumpel waren auch in dieser Beziehung Vorbild für ihre Kollegen in der Republik und kämpften 1971 um mehr Uran für die Sowjetunion. Das Motto war: »Der Partei zu Ehren – uns allen zum Nutzen! An jedem Arbeitsplatz und an jedem Tag für die allseitige Stärkung der DDR!« (S. 144). Um die Produktion zu intensivieren, gab es auch die sogenannte »Neuererbewegung«, deren Ziel es war, durch Vorschläge aus den Reihen der Werktätigen die Arbeitsorganisation zu verbessern sowie Material, Arbeitszeit und Arbeitskraft einzusparen. Jährlich wurden die besten Ideen auf Messen vorgestellt und prämiert. Für die »Neuerer«

de la Sécurité d'Etat (p.140/141). Les dirigeants de la
RDA invoquent volontiers leur origine prolétarienne.
Les menuisiers Pieck et Ulbricht, l'imprimeur Grotewohl, le maçon Stoph et le couvreur Honecker con-
sidèrent que le fait qu'ils soient nés dans une famille
ouvrière justifie en partie leur rôle de dirigeant de
l'Etat ouvrier et agricole allemand. Les membres de la
«classe régnante» ont toujours signalé à Erich
Honecker qu'il était l'un des leurs. Le couvreur Erich
Honecker n'a probablement jamais possédé autant
d'outils de la profession que le leader du Parti et chef
d'Etat Honecker, à qui on les offrait (p.133/146/147)

L'«émulation socialiste» doit inciter les travailleurs
est-allemands – comme ceux des autres pays – à
produire davantage pour rattraper le retard pris par
rapport aux pays industriels dirigeants de l'Ouest. Ces
concours ont lieu à plusieurs niveaux et sont régulièrement exploités au cours de journées festives comme
le 1er mai, l'anniversaire de la RDA le 7 octobre, les
congrès du Parti ou les congrès des syndicats.
Souvent on organise des concours de production en
l'honneur de telles journées, mais aussi des
campagnes spéciales aux noms fleuris: «Notre vie sera
demain à l'image de notre travail d'aujourd'hui», est
l'une des devises de l'année 1953. Les tuyauteurs des
usines d'acier et de laminage de Riesa veulent «que
chaque mark, chaque heure de travail, chaque gramme
de matériel rapportent davantage» et créent à cette
occasion une décoration de table en tubes d'acier
(p.144). Les mineurs est-allemands peuvent suivre
l'exemple de leurs collègues de Wismut qui luttent en
1971 pour que l'Union soviétique reçoive plus d'uranium. La devise est alors: «En l'honneur du Parti –
pour notre bien à tous! Consolider la RDA dans tous
les domaines, à chaque poste de travail et chaque
jour!» (p.144). Le «mouvement novateur» vise
également à intensifier la production, son objectif est
d'améliorer l'organisation du travail et d'économiser du
matériel, du temps et l'énergie des travailleurs en
tenant compte des propositions des ouvriers. Tous les
ans, les meilleures idées sont présentées dans les
Salons et dotées d'un prix. En 1985, à l'occasion de la
14e exposition centrale des novateurs de la RDA, un
prix spécial décerné par leur Ministre fait l'objet du
concours organisé pour les «novateurs» du Ministère
de l'Intérieur. Il atterrira finalement dans la salle de représentation de la Direction berlinoise de la Police
populaire allemande (p.145). Celui qui veut attirer

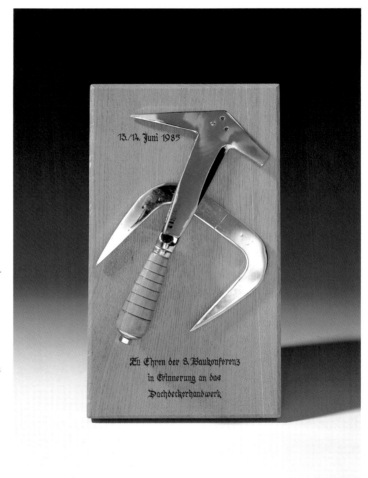

**Composition with roofing
tools**, GDR 1985
Gift made to Erich Honecker
at the 8th GDR construction
conference in East Berlin in
June 1985
Wood and steel
16.5 x 6.5 x 30 cm

Dachdeckerwerkzeug,
DDR 1985
Geschenk an Erich Honecker,
überreicht auf der achten Bau-
konferenz der DDR im Juni 1985
in Berlin
Holz, Stahl
16,5 x 6,5 x 30 cm

Outils de couvreur,
RDA 1985
Cadeau offert à Erich Honecker
lors de la 8e conférence est-
allemande sur le bâtiment en
juin 1985 à Berlin
Bois, acier
16,5 x 6,5 x 30 cm

Football player, GDR 1981
Gift from Dynamo Berlin to
Erich Honecker
Wood and brass
17 x 35 x 26 cm

Fußballspieler, DDR 1981
Geschenk des BFC Dynamo
an Erich Honecker
Holz, Messing
17 x 35 x 26 cm

Joueur de football, RDA 1981
Cadeau du FC Dynamo de
Berlin à Erich Honecker
Bois, laiton
17 x 35 x 26 cm

canteen, or at least a new title, »Socialist Work Plant«
(p. 145).

The GDR's top sportsmen and women were particularly well taken care of. Every success, and especially
the Olympic medals, became a plus point to be used
for all it was worth in the ideological contest. The
eastern bloc might be lagging behind the West econo-
mically, but at least it could triumph in the sports arena.
Year after year, millions were invested in sport, and in
return the athletes usually succeeded in outdistancing
their West German opposite numbers in terms of
medals. After the Olympic Games there would be bombastic receptions at which the political leaders and the
sporting elite lavished congratulations on each other.
After the 1988 Winter Olympics in Calgary, ice skater
Katharina Witt had the honour of conveying the sportsmen and women's thanks to Honecker for the state's
generous support, and presented him with a felt hat
autographed by all the medallists (p. 135). The hat, part
of the GDR's official Olympic rig, was made in London.

The problem of disarmament ranked very high in the
GDR. Any Soviet proposal or initiative was backed up
to the hilt by East German propaganda. When both
sides in the Cold War were reducing their medium-
range missile stockpiles, the Soviet army evacuated a
number of sites in 1987 and 1988, and one of these
was converted into a holiday home and made over to
the FDGB (Freier Deutscher Gewerkschaftsbund: the
Independent German Trade Union Federation) in
March 1988. To mark the occasion, Defence Minister
Heinz Kessler presented FDGB chairman Harry Tisch
with a symbolic bowl, which was presumably in the
possession of the FDGB committee until the federation was dissolved. A facsimile was exhibited at the
GDR's 40th anniversary show (p. 137).

East Germany's declared commitment to the peace
process and disarmament was matched by unceasing
demands for further strengthening of the country's
defences and securing of its borders. The National
People's Army (*Volksarmee*) took regular part in
Warsaw Pact manoeuvres; this participation was documented in a variety of showy items (p. 148). Given the
GDR's strategic position, not to mention its domestic
and economic circumstances, securing the borders
with the Federal Republic and West Berlin was the
highest priority. Many who tried to cross those borders
paid with their lives or with long gaol sentences.
Awards given to frontier guards in honour of »outstan-

des Ministeriums des Innern war 1985 anläßlich der XIV. Zentralen Neuererausstellung der DDR ein spezieller Preis ihres Ministers ausgeschrieben, der letztendlich im Repräsentationsraum der Berliner Direktion der Deutschen Volkspolizei landete (S. 145). Wer besonders positiv auffallen wollte, mußte in einem taktisch klug gewählten Augenblick, z. B. als Antwort auf einen begrüßenswerten Beschluß der SED, mit neuen »Wettbewerbsverpflichtungen« an die Öffentlichkeit treten (S. 132). Wenn dann das »Neue Deutschland« zur Berichterstattung erschien, war das Ziel erreicht; man hatte seine Treue zu Partei und Staat bekundet und die Aufmerksamkeit der Mächtigen auf sich gezogen. Der Lohn für solche Bemühungen war oft ein neues Ferienheim, ein neuer Kindergarten, eine renovierte Betriebskantine oder zumindest der Titel »Betrieb der sozialistischen Arbeit« (S. 145).

Unter besonderer Obhut standen immer die Spitzensportler der DDR. Jeder Erfolg, vor allem jede olympische Medaille, wurde als Pluspunkt in der Systemauseinandersetzung gefeiert. Wenn man dem westlichen Nachbarn schon in der Wirtschaft hinterherlief, wollte man ihn wenigstens auf sportlichem Gebiet schlagen. Dafür wurden Jahr für Jahr Millionen investiert. Meist erfüllten die Athleten auch ihren »Klassenauftrag« und holten zumindest mehr Medaillen als die Konkurrenten aus der BRD. Nach den Olympischen Spielen gab es regelmäßig bombastische Empfänge, auf denen führende Politiker und die Sportelite sich gegenseitig zu ihren Erfolgen beglückwünschten. Nach den Olympischen Winterspielen von Calgary 1988 fiel Katharina Witt die Ehre zu, Erich Honecker den Dank der Sportler für die großzügige Unterstützung zu überbringen. Dabei überreichte sie ihm einen mit Autogrammen von Medaillengewinnern versehenen Filzhut (S. 135). Dieser Hut, Bestandteil der offiziellen Olympiakleidung der DDR-Delegation, stammte aus einer Londoner Hutmacherwerkstatt.

Dem Problem der Abrüstung wurde in der DDR große Bedeutung beigemessen. Mit propagandistischem Aufwand wurden alle sowjetischen Vorschläge und Initiativen in dieser Richtung unterstützt. Im Zuge des beiderseitigen Abbaus von Mittelstreckenraketen räumte die Sowjetarmee 1987-88 mehrere Stützpunkte in der DDR. Einer davon wurde zu einem Ferienheim umgebaut und im März 1988 dem Freien Deutschen Gewerkschaftsbund (FDGB) übergeben. Dabei überreichte Verteidigungsminister Heinz Keßler

l'attention, doit, à un moment soigneusement choisi, par exemple en saluant une décision du SED, se manifester publiquement avec de nouveaux «engagements au concours» (p. 132). Quand les reporters du «Neue Deutschland» font leur apparition, l'objectif est atteint; on a exprimé sa fidélité au Parti et à l'Etat et attiré sur soi l'attention des puissants. Ces efforts sont souvent récompensés par un nouveau centre de vacances, un nouveau jardin d'enfants, un nouveau restaurant d'entreprise ou au moins par l'attribution du titre «Entreprise du travail socialiste» (p. 145).

Les athlètes est-allemands de haut niveau ont toujours fait l'objet de soins particuliers. Chaque succès, et surtout chaque médaille olympique, est considéré comme un bon point dans le cadre de la lutte entre les systèmes. Si on s'essouffle derrière le voisin de l'Ouest sur le plan économique, il faut au moins le battre dans le domaine sportif. Pour ce faire, on investira chaque année des millions. La plupart du temps, les athlètes remplissent leur mission et rapportent au moins plus de médailles que leurs concurrents ouest-allemands. Des réceptions prétentieuses ont lieu régulièrement après les Jeux Olympiques, et les dirigeants politiques et les personnalités du monde sportif y échangent des compliments. Après les Jeux olympiques d'hiver de Calgary en 1988, Katharina Witt aura l'honneur de remercier au nom de ses collègues Erich Honecker pour son généreux soutien. Elle lui remettra un chapeau de feutre garni des autographes de ceux qui ont gagné une médaille (p. 135). Ce chapeau, élément du costume officiel de la délégation est-allemande pour les Jeux olympiques, sort d'un atelier londonien.

La RDA accorde une grande importance au problème du désarmement. Elle soutient avec un grand déploiement de propagande toutes les propositions et les initiatives soviétiques dans ce sens. Au cours du démantèlement de part et d'autre des forces nucléaires intermédiaires, l'armée soviétique évacue en 1987-1988 plusieurs bases en RDA. L'une d'entre elles sera transformée en centre de vacances et remise en mars 1988 à la Confédération des syndicats allemands (FDGB). A cette occasion, le Ministre de la Défense, Heinz Keßler, remet au Président de la FDGB, Harry Tisch, une clé symbolique qui restera probablement en possession de la présidence fédérale de la FDGB jusqu'à la dissolution de celle-ci.

ding achievements« thus strike us, inevitably, as macabre (p. 149), since they prove that the brutality required of those guards was seen through the rose-tinted spectacles of official ideology.

The items in this book were chosen because they seemed the most curious or revealing. There are of course a great many more table sets from the Soviet forces, mineral and coal samples in honour of Party congresses or birthdays, or wall plaques in the Wilhelm Pieck holdings alone – but the motifs, symbols and overall approach of these items are distinctly repetitive. By no means all of the items are useful when it comes to illustrating the distinctive style evolved in the GDR and SED through ideological differences with the West. Many presents from abroad foreground ethnic aspects which lie outside the province of this book – as does the question of where the dividing line between art and kitsch must be drawn, where the home presents are concerned. Nor is it our brief to speculate about the motives behind the giving – doubtless they ranged from diplomatic protocol to personal esteem, idle habit to well-calculated ulterior motive. We need only note that, as these dutiful, ritually-presented gifts piled up in the GDR, any meaning attaching to them was steadily eroded. It was not until the East German state collapsed that a new interest (fuelled by curiosity, nostalgia, and other less easily defined factors) suddenly arose.

The »Special Inventory« is a unique epitome of East German history; indeed, it conveys a whole episode in European history, and documents a key stage in the history of an ideology and movement that changed the entire world. It is widely agreed that socialism, as a practised societal structure complete with dogmas and rituals, has failed; still, it is already apparent that the global order fixed by the dominant bourgeois democracies of our age is itself in urgent need of reform if humankind are to see a way forward, socially and ecologically. New modes of societal co-existence amongst states, parties, institutions and individuals will arise, and new ideas, aims and feelings will govern future exchanges of gifts. And, in the course of time, History will consign those presents to the museums as well. The »Special Inventory« collection, formerly in the Museum für Deutsche Geschichte and now in the Deutsches Historisches Museum, fulfils a special task: it is a storehouse of relics from a culture that is no more.

dem FDGB-Vorsitzenden Harry Tisch einen symbolischen Schlüssel, der sich vermutlich bis zur Auflösung der Organisation im Besitz des FDGB-Bundesvorstandes befand. Eine orginalgetreue Nachbildung zeigte die Ausstellung zum 40. Jahrestag der DDR (S. 137).

Das erklärte Engagement der DDR für Frieden und Abrüstung ging einher mit der stetigen Forderung, die Landesverteidigung zu stärken und die Staatsgrenzen zu sichern. Die regelmäßige Beteiligung der Nationalen Volksarmee an Manövern des Warschauer Vertrages ist u. a. in diversen Repräsentationsstücken dokumentiert (S. 148). Die Sicherung der Staatsgrenzen zur Bundesrepublik bzw. nach Westberlin genoß aufgrund der besonderen strategischen Lage der DDR, aber auch aus innenpolitischen und wirtschaftlichen Gründen, höchste Priorität. Viele Menschen mußten den Versuch, illegal die Grenze zu überqueren, mit ihrem Leben oder mehreren Jahren Zuchthaus bezahlen. Die Auszeichnungen für »hervorragende Leistungen« beim Schutz der Staatsgrenze (S. 149) muten daher makaber an; sie belegen die ideologische Verklärung der von den Grenzbeamten geforderten Brutalität.

Die Auswahl der in dieser Publikation zusammengestellten Objekte hat sich auf die originellsten und anschaulichsten konzentriert. Es ließen sich noch mehrere Tischdekorationen von der Sowjetarmee, Erzbrocken und Kohlen zu Ehren von Partei- und Geburtstagen oder Wandteller aus dem Nachlaß von Wilhelm Pieck zeigen. Doch die Motive, Symbole und die gesamte Machart dieser Stücke wiederholen sich. Bei weitem nicht jedes Objekt ist geeignet, systembedingte Eigenheiten der DDR oder der SED und ihrer führenden Repräsentanten aufzuzeigen. Bei zahlreichen Geschenken aus dem Ausland stehen ethnologische Aspekte im Vordergrund, über die hier genausowenig geurteilt werden kann und soll wie über die Grenze zwischen Kunst und Kitsch bei den Objekten aus dem Inland. Auch über die Motive für die Schenkungen – diplomatische Etikette oder persönliche Wertschätzung, Gewohnheit oder Berechnung – soll hier nicht spekuliert werden.

Angemerkt sei nur, daß die Inflation solcher Pflicht- und Ritualgeschenke in der DDR selbst zu einer allgemeinen Geringschätzung führte. Erst mit dem Zerfall dieses Staates stieg das Interesse – sei es aus Neugier oder Nostalgie – sprunghaft an.

Das »Sonderinventar« verkörpert DDR-Geschichte,

L'exposition en l'honneur du 40ème anniversaire de la RDA en montre une reproduction fidèle (p.137).

L'engagement déclaré de la RDA pour la paix et le désarmement va de pair avec l'exigence constante de renforcer la défense du pays et de protéger les frontières de l'Etat. La participation régulière de l'armée populaire nationale aux manœuvres du Pacte de Varsovie est documentée entre autres par divers objets représentatifs (p.148). La surveillance de la frontière commune avec la République fédérale et Berlin-Ouest a, en raison de la situation stratégique particulière de la RDA, mais aussi pour des raisons économiques et de politique intérieure, la priorité absolue. Beaucoup de gens qui essaieront de traverser la frontière y perdront la vie ou passeront plusieurs années dans un pénitencier. Les décorations louant les «mérites» des gardes-frontière (p.149) ont donc un arrière-goût macabre; elles mettent en évidence la sublimation idéologique de la brutalité qu'on exige d'eux.

Nous avons choisi de présenter dans cet ouvrage les objets les plus originaux et les plus expressifs. Il y aurait encore bien des décorations de table de l'armée soviétique, des roches et des fragments de houille en l'honneur des Congrès du Parti et des anniversaires, ou des assiettes murales provenant de l'héritage de Wilhelm Pieck à montrer. Mais les motifs, les symboles et la manière dont ces objets sont fabriqués restent toujours les mêmes. Tous ne présentent pas les particularités inhérentes au système de la RDA ou du SED et celles de leurs dirigeants. L'aspect ethnologique est au premier plan dans de nombreux présents venus de l'étranger, et il ne nous appartient pas d'en juger, pas plus que nous ne pouvons et devons juger de la valeur artistique des objets provenant de la RDA elle-même. Nous éviterons aussi les spéculations en ce qui concerne les raisons pour lesquelles les cadeaux ont été offerts, étiquette diplomatique ou estime personnelle, habitude ou calcul.

Nous remarquerons seulement que l'abondance excessive de tels cadeaux rituels ou obligatoires a fini par jeter le discrédit sur de telles pratiques à l'intérieur du pays. Curiosité ou nostalgie? Depuis que l'Etat s'est effondré, on assiste à un renouveau de l'intérêt pour ces objets.

Le «Fonds RDA» représente l'Histoire de la RDA et un épisode de l'Histoire européenne. Il documente également un extrait de l'histoire d'un mouvement et d'une idée qui ont une portée mondiale. Le socialisme,

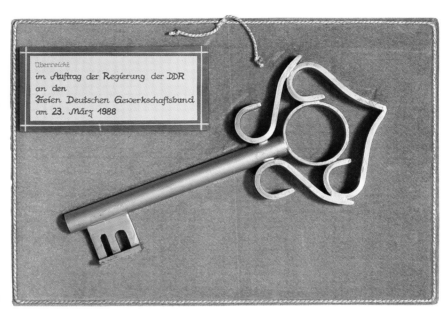

Key, GDR 1988
Symbolizing the opening of Warenshof holiday home
Brass and wood
42 x 30 x 5 cm

Schlüssel, DDR 1988
Symbol für die Einweihung des Ferienheimes Warenshof
Messing, Holz
42 x 30 x 5 cm

Clé, RDA 1988
Symbole pour l'inauguration du centre de vacances de Warenshof
Laiton, bois
42 x 30 x 5 cm

◄
Defence Minister Heinz Kessler presenting a symbolic key to Warenshof holiday home to trade union congress chairman Harry Tisch.

Verteidigungsminister Heinz Keßler übergibt dem FDGB-Vorsitzenden Harry Tisch den symbolischen Schlüssel für das Ferienheim Warenshof.

Heinz Keßler, Ministre de la Défense, remet au Président du FDGB, Harry Tisch, la clé du centre de vacances de Warenshof.

repräsentiert eine Episode europäischer Geschichte und dokumentiert einen Abschnitt der Geschichte einer weltumfassenden Idee und Bewegung. Der Sozialismus als »real existierende« Gesellschaftsform ist mit all seinen Dogmen und Ritualen gescheitert, doch schon jetzt wird deutlich, daß auch die gegenwärtig von den bürgerlichen Demokratien bestimmte Weltordnung dringender Reformen bedarf, um den Menschen eine soziale und ökologische Perspektive aufzeigen zu können. Neue Formen des gesellschaftlichen Zusammenlebens zwischen Staaten, Parteien, Institutionen und Individuen werden entstehen, und neue Ideen, Absichten und Gefühle werden den Austausch von Geschenken und Souvenirs bestimmen. Der Lauf der Geschichte wird es mit sich bringen, daß auch diese letztendlich im Museum landen. Dem im Deutschen Historischen Museum verwahrten »Sonderinventar« des ehemaligen Museums für Deutsche Geschichte kommt eine besondere Aufgabe zu: die Bewahrung von Relikten einer untergegangenen Kultur.

avec tous ses dogmes et ses rituels, a échoué en tant que forme de société «existant réellement», mais il devient manifeste qu'il faut réformer de toute urgence l'ordre du monde actuel, défini par la démocratie bourgeoise, si l'on veut montrer aux hommes des perspectives sociales et écologiques. De nouvelles formes de vie sociale entre Etats, partis, institutions et individus verront le jour et des idées, des intentions et des sentiments nouveaux détermineront l'échange de cadeaux et de souvenirs qui atterriront à leur tour dans les musées. Ainsi le veut la marche de l'Histoire. Le «Fonds RDA» du Deutsches Historisches Museum, anciennement Museum für Deutsche Geschichte, est le dépositaire de ce qui reste d'une culture disparue.

Cushion, GDR 1980s
Origins and recipient unknown
Leather and synthetics
54 x 6 x 34 cm

Sitzkissen, DDR 80er Jahre
Herkunft und Bestimmung
unbekannt
Leder, Kunststoff
54 x 6 x 34 cm

Coussin, RDA années 80
Origine et destination inconnues
Cuir, matière synthétique
54 x 6 x 34 cm

▶
United we stand,
GDR 1976
Award for an SED departmental section at the Ministry of State security on the occasion of the silver jubilee of the SED
Wool
92 x 140 cm

Vereint sind wir alles,
DDR 1976
Auszeichnung für eine SED-Abteilungsorganisation des MfS anläßlich des 25. Jahrestages der Gründung der SED
Wolle
92 x 140 cm

Réunis nous sommes tout,
RDA 1976
Distinction remise à une organisation des sections du Ministère de la Securité d'Etat à l'occasion du 25ème anniversaire de la fondation du SED
Laine
92 x 140 cm

United we stand,
GDR 1980s
Origins and recipient
unknown
Wood
24 x 20 x 10 cm

Vereint sind wir unbesiegbar,
DDR 80er Jahre
Herkunft und Bestimmung
unbekannt
Holz
24 x 20 x 10 cm

**Réunis, nous sommes
invincibles,** RDA années 80
Origine et destination
inconnues
Bois
24 x 20 x 10 cm

 The symbol of the fist has a long
tradition. Here, Paul Hornick,
Werner Jurr, Ernst Thälmann and
Willy Leow (from left) are raising
their fists at the fourth Reich,
congress of the Red Front.

Das Symbol der Faust hat eine
lange Tradition. Paul Hornick,
Werner Jurr, Ernst Thälmann und
Willy Leow (v.l.) 1928 mit erhobe-
nen Fäusten auf dem vierten
Reichstreffen des Rotfrontkämpferbundes.

Le symbole du poing levé est très
ancien. Ici Paul Hornick, Werner
Jurr, Ernst Thälmann et Willy
Leow (en partant de la gauche)
en 1928 lors de la 4ème
rencontre de l'Union des
combattants du Front rouge.

 Clenched fist,
GDR c. 1980
Origins and recipient
unknown
Clay
9.5 x 21 x 7 cm

Geballte Faust,
DDR um 1980
Herkunft und Bestim-
mung unbekannt
Ton
9,5 x 21 x 7 cm

Poing fermé,
RDA vers 1980
Origine et destination
inconnues
Terre cuite
9,5 x 21 x 7 cm

Special Items | Sonderanfertigungen | Fabrications hors-série

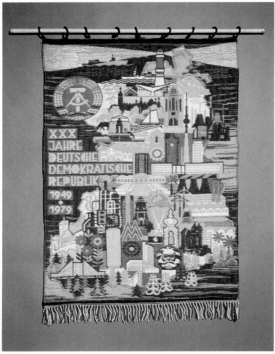

Cup, GDR 1974
SDAG Wismut cup for the winner
in the socialist competition to
mark the GDR's silver jubilee
Wood, minerals, plastic and brass
38 x 30 x 20 cm

Wanderpokal, DDR 1974
Tischdekoration der SDAG
Wismut für den Sieger im
sozialistischen Wettbewerb
zum 25. Jahrestag der DDR
Holz, Mineralien, Plaste, Messing
38 x 30 x 20 cm

Coupe, RDA 1974
Décoration de table de la SDAG
Wismut pour le vainqueur du
concours socialiste à l'occasion
du 25ème anniversaire de la RDA
Bois, roches, plastique, laiton
38 x 30 x 20 cm

◄
30th anniversary of the GDR,
GDR 1979
Origins and recipient unknown
Wool and wood
64 x 96 cm

30 Jahre DDR, DDR 1979
Herkunft und Bestimmung
unbekannt
Wolle, Holz
64 x 96 cm

Trente années de RDA,
RDA 1979
Origine et destination inconnues
Laine, bois
64 x 96 cm

◄◄
Fanfare and flag,
GDR 1959
Gift to Wilhelm Pieck to mark the
10th anniversary of the GDR
Brass and linen
60 x 80 x 14 cm

Fanfare mit Fahne, DDR 1959
Geschenk an Wilhelm Pieck
anläßlich des Zehnten Jahrestages der DDR
Messing, Leinen
60 x 80 x 14 cm

Fanfare et drapeau, RDA 1959
Cadeau offert à Wilhelm Pieck à
l'occasion du 10ème anniversaire
de la RDA
Laiton, lin
60 x 80 x 14 cm

Heroes of labour were given awards in the workers' and peasants' state. Wilhelm Pieck speaking in the State Opera, East Berlin, at a ceremony on Activists' Day.

Im Arbeiter- und Bauernstaat wurden die »Helden der Arbeit« ausgezeichnet. Wilhelm Pieck sprach bei einem Staatsakt zu Ehren des Tages der Aktivisten in der Staatsoper Berlin.

L'Etat des ouvriers et des agriculteurs décorait les «héros du travail». Wilhelm Pieck fit un discours dans l'Opéra national de Berlin lors d'une fête nationale en l'honneur de la Journée des activistes.

▼

Conversation piece,
GDR c. 1970
Socialist competition item from the Riesa Steel and Rolling Mill
Steel and wood
44.5 x 8 x 34.5 cm

Tischzier,
DDR um 1970
Repräsentationsobjekt zum sozialistischen Wettbewerb aus dem Rohrkombinat Stahl- und Walzwerk Riesa
Stahl, Holz
44,5 x 8 x 34,5 cm

Décoration de table,
RDA vers 1970
Offert par le combinat de la tuyauterie des usines de métallurgie et de laminage de Riesa
Acier, bois
44,5 x 8 x 34,5 cm

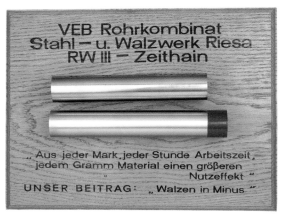

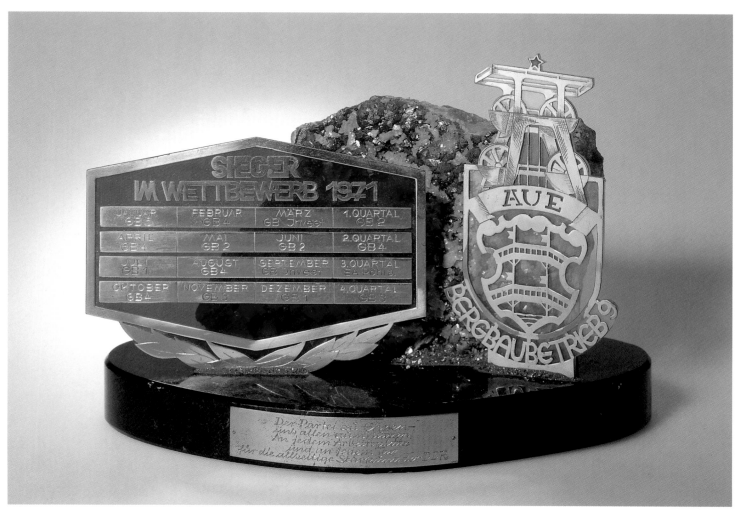

◀

Plaque honouring socialist labour, GDR 1969
GDR Council of Ministers plaque for exemplary industries in socialist competition
Bronze
30 x 50 cm

Ehrentafel,
DDR 1969
Auszeichnung des Ministerrates der DDR für vorbildliche Betriebe im sozialistischen Wettbewerb
Bronze
30 x 50 cm

Tableau d'honneur,
RDA 1969
Remis par le Conseil des ministres de la RDA aux entreprises exemplaires dans le cadre de l'émulation socialiste
Bronze
30 x 50 cm

▶

For outstanding achievement,
GDR 1985
Ministry of the Interior cup awarded for »outstanding achievement« in the drive for innovation
Glass, plastic and brass
17 x 32 x 19 cm

Für hervorragende Leistungen,
DDR 1985
Pokal des Ministers des Innern als Auszeichnung in der Neuerer-bewegung
Glas, Plaste, Messing
17 x 32 x 19 cm

Pour honorer des rendements remarquables, RDA 1985
Coupe du Ministre de l'Intérieur dans le mouvement des nova-teurs
Verre, plastique, laiton
17 x 32 x 19 cm

◀

Winner of the competition,
GDR 1971
Award presented by SDAG Wismut
Marble, minerals, brass and plastic
28 x 20 x 15 cm

Sieger im Wettbewerb,
DDR 1971
Wettbewerbsauszeichnung der SDAG Wismut
Marmor, Mineralien, Messing, Plaste
28 x 20 x 15 cm

Vainqueurs du concours,
RDA 1971
Trophée de la SDAG Wismut
Marbre, roches, laiton, plastique
28 x 20 x 15 cm

▶
Case, USSR 1983
Gift from railway construction
workers to the central council of
the FDJ (Free German Youth)
Precious wood and varnish
39 x 5 x 27 cm

Schatulle, UdSSR 1983
Geschenk von Trassenarbeitern
an den Zentralrat der FDJ
Edelholz, Lack
39 x 5 x 27 cm

Coffret, URSS 1983
Cadeau des constructeurs de
routes au Conseil central de
la FDJ
Bois précieux, laque
39 x 5 x 27 cm

Roofing tools,
GDR 1984
Gift from building workers
in Berlin to Erich Honecker
Wood, steel and leather
61 x 3.5 x 36 cm

Dachdeckerwerkzeug,
DDR 1984
Geschenk von Berliner Bau-
arbeitern an Erich Honecker
Holz, Stahl, Leder
61 x 3,5 x 36 cm

Outil de couvreur,
RDA 1984
Cadeau des ouvriers berlinois
du bâtiment à Erich Honecker
Bois, acier, cuir
61 x 3,5 x 36 cm

Welding tools,
GDR/USSR 1983
Gift from railway construction
workers to the central council of
the FDJ (Free German Youth)
Steel, plastic, aluminium and
wood
44 x 12 x 29 cm

Schweißerwerkzeug,
DDR/UdSSR 1983
Geschenk von Trassenbauern
aus der DDR an den Zentralrat
der FDJ
Stahl, Kunststoff, Aluminium,
Holz
44 x 12 x 29 cm

Outils de soudeur,
RDA/URSS 1983
Cadeau des constructeurs
de routes est-allemands au
Conseil central de la FDJ
Acier, matière synthétique,
aluminium, bois
44 x 12 x 29 cm

Erich Honecker (right) began his
political career as chairman of the
FDJ (Free German Youth). Here
he is seen with Wilhelm Pieck at
the national assembly in 1950.

Erich Honecker (r.) begann seine
politische Karriere als Vorsitzender

der FDJ. Hier beim Deutschland-
treffen 1950 mit Wilhelm Pieck.

Erich Honecker (à droite) débuta
dans la politique en tant que Président de la FDJ. Ici, avec Wilhelm
Pieck lors de la rencontre des
groupes allemands en 1950.

Relief plaque – Warsaw Pact,
Poland 1980s
Polish army souvenir for
participants in Warsaw
Treaty manouevres
Copper
36 x 48 cm

Reliefplatte, Polen 80er Jahre
Erinnerungsgeschenk der
Polnischen Armee für die
Teilnehmer an einem Manöver
des Warschauer Vertrages
Kupfer
36 x 48 cm

Relief décoratif,
Pologne années 80
Souvenir remis par l'armée
polonaise aux participants
d'une manœuvre du Pacte
de Varsovie
Cuivre
36 x 48 cm

T 54 tank, USSR 1966
Gift from a Soviet tank unit to
Walter Ulbricht on the occasion
of the »October storm« autumn
manoeuvres
Brass
18 x 14 x 28 cm

Panzer T 54, UdSSR 1966
Geschenk einer sowjetischen
Panzereinheit an Walter Ulbricht
anläßlich des Manövers
»Oktobersturm«
Messing
18 x 14 x 28 cm

Char d'assaut T 54, URSS 1966
Cadeau d'une unité blindée
soviétique à Walter Ulbricht à
l'occasion de la manoeuvre
«Tempête d'octobre»
Laiton
18 x 14 x 28 cm

Special Items | Sonderanfertigungen | Fabrications hors-série

Conversation piece – National boundary, GDR 1976
Specially made for the Ministry of State Security after completion of negotiations between East and West Germany to mark out the shared frontier
Marble and brass
25 x 6 x 9 cm

Tischzier – Markierung der Staatsgrenze, DDR 1976
Sonderanfertigung des Ministeriums für Staatssicherheit aus Anlaß des Abschlusses der Verhandlungen zur Markierung der Staatsgrenze zwischen der DDR und der Bundesrepublik
Marmor, Messing
25 x 6 x 9 cm

Décoration de table – Marquage des frontières nationales, RDA 1976
Réalisé spécialement par le Ministère de la Sécurité d'Etat à l'occasion de la conclusion des négociations concernant la marquage de la frontière entre la RDA et la République fédérale
Marbre, laiton
25 x 6 x 9 cm

◀
Decorative plate – Securing the national boundaries, GDR 1986
Honorific for commendable frontier guards
Copper
Ø 30 cm

Wandteller – Sicherung der Staatsgrenze, DDR 1986
Ehrengeschenk für verdienstvolle Grenzsoldaten
Kupfer
Ø 30 cm

Assiette murale – Sécurité des frontières nationales, RDA 1986
Cadeau récompensant les mérites des garde-frontières
Cuivre
Ø 30 cm

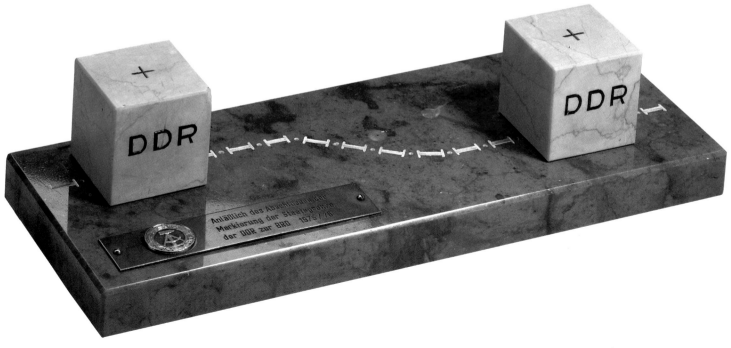

▼

On his visit to the People's Republic of China, Erich Honecker presented the workforce of the Choudu Metalworks Combine in Beijing with a tapestry featuring a portrait of Ernst Thälmann.

Bei seinem Besuch der VR China überreichte Erich Honecker der Belegschaft des Metallurgischen Kombinats Shoudu in Peking einen Wandteppich mit dem Bildnis Ernst Thälmanns.

Lors de sa visite en République populaire de Chine, Erich Honecker remit au personnel du complexe métallurgique Shoudou de Pékin un tapis mural orné du portrait de Ernst Thälmann.

▶
Ernst Thälmann,
GDR 1980s
Commissioned by the Ministry for State Security for the reception hall of the Berlin district administration
Wool and wood
65 x 88 cm

Ernst Thälmann,
DDR 80er Jahre
Auftragswerk des Ministeriums für Staatssicherheit für den Festsaal der Berliner Bezirks-verwaltung
Wolle, Holz
65 x 88 cm

Ernst Thälmann,
RDA années 80
Ouvrage commandé par le Ministère de la Sécurité d'Etat pour la Salle des Fêtes de l'administration du district de Berlin
Laine, bois
65 x 88 cm

Special Items | Sonderanfertigungen | Fabrications hors-série

**Painting: Thälmann, Marx,
Engels and Lenin**,
Afghanistan 1986
Gift from the Democratic
People's Party of Afghanistan
to the SED 11th Party Congress
Oil on canvas, wood and glass
32 x 84 cm

**Thälmann, Marx, Engels und
Lenin**, Afghanistan 1986
Geschenk der Demokratischen
Volkspartei Afghanistans an den
XI. Parteitag der SED
Öl auf Leinwand, Holz, Glas
32 x 84 cm

**Thälmann, Marx, Engels et
Lénine**, Afghanistan 1986
Cadeau du Parti démocratique
populaire d'Afghanistan à
l'occasion du 11e Congrès du
SED
Huile sur toile, bois, verre
32 x 84 cm

Certificate, Mexico 1981
Certificate granting Erich
Honecker the freedom of
Mexico City
Parchment
28 x 94 cm

Urkunde, Mexiko 1981
Urkunde zur Verleihung der
Ehrenbürgerschaft der Stadt
Mexiko an Erich Honecker
Pergament
28 x 94 cm

Certificat, Mexique 1981
Certificat d'attribution de la
citoyenneté d'honneur de
la Cité de Mexico à Erich
Honecker
Parchemin
28 x 94 cm

▼
Symbolic key,
Mexico 1981
Gift from Mexico City to Erich
Honecker on the occasion
of his state visit in September
1981
Brass, leather and velvet
26 x 4 x 13 cm

Symbolischer Schlüssel,
Mexiko 1981
Geschenk der Stadt Mexiko an
Erich Honecker anläßlich seines
Staatsbesuches im September
1981
Messing, Leder, Samt
26 x 4 x 13 cm

Clé symbolique,
Mexique 1981
Cadeau de la Cité de Mexico à
Erich Honecker à l'occasion de
sa visite officielle en septembre
1981
Laiton, cuir, velours
26 x 4 x 13 cm

▶▲
Decorative piece,
North Vietnam 1950s
Gift to Wilhelm Pieck
Ivory and wood
37 x 35 x 7 cm /
14 x 38 x 10 cm

Tischzier,
Nordvietnam 50er Jahre
Geschenk an Wilhelm Pieck
Elfenbein, Holz
37 x 35 x 7 cm /
14 x 38 x 10 cm

Décoration de table,
Viêt-nam du Nord années 50
Cadeau à Wilhelm Pieck
Ivoire, bois
37 x 35 x 7 cm /
14 x 38 x 10 cm

▶▼
Decorative piece,
North Vietnam 1957
Gift, collection of
Wilhelm Pieck
Ivory and wood
68 x 40 x 9 cm

Tischzier,
Nordvietnam 1957
Geschenk aus dem Nach-
laß von Wilhelm Pieck
Elfenbein, Holz
68 x 40 x 9 cm

Décoration de table,
Viêt-nam du Nord 1957
Cadeau, héritage de
Wilhelm Pieck
Ivoire, bois
68 x 40 x 9 cm

Special Items | Sonderanfertigungen | Fabrications hors-série

ЗЕМЛЯ
Родины В.И.Ленин-
г.Ульяновск

◄◄
Sand from Giron beach,
Cuba 1978
Souvenir for participants in the
World Youth and Students'
Festival in Havana in 1978
Sand and plastic
7 x 11 cm

Sand vom Playa Giron,
Kuba 1978
Souvenir für die Teilnehmer der
Weltfestspiele der Jugend und
Studenten 1978 in Havanna
Sand, Kunststoff
7 x 11 cm

Sable du Playa Giron,
Cuba 1978
Souvenir offert aux participants
du festival mondial de la
Jeunesse et des Etudiants
en 1978 à La Havane
Sable, matière synthétique
7 x 11 cm

◄
**Soil from the homeland of
Lenin,** USSR c. 1980
Souvenir from the city of
Ulyanovsk
Soil, perspex and wood
8 x 4.5 x 13 cm

Erde aus der Heimat Lenins,
UdSSR um 1980
Souvenir aus der Stadt
Uljanowsk
Erde, Plexiglas, Holz
8 x 4.5 x 13 cm

Terre de la patrie de Lénine,
URSS vers 1980
Souvenir de Oulianovsk
Terre, plexiglas, bois
8 x 4.5 x 13 cm

Lenin centenary,
GDR 1970
Special issue by the Geiseltal
Brown Coal Combine to mark
the centenary of Lenin's birth
Brown coal
17.5 x 6 x 4.5 cm

100 Jahre Lenin,
DDR 1970
Sonderanfertigung des Braun-
kohlekombinates Geiseltal
zum 100. Geburtstag Lenins
Braunkohle
17.5 x 6 x 4.5 cm

Centenaire de Lénine,
RDA 1970
Fabrication hors-série du
combinat de lignite de Geiseltal
pour le centenaire de Lénine
Lignite
17.5 x 6 x 4.5 cm

Special Items | Sonderanfertigungen | Fabrications hors-série

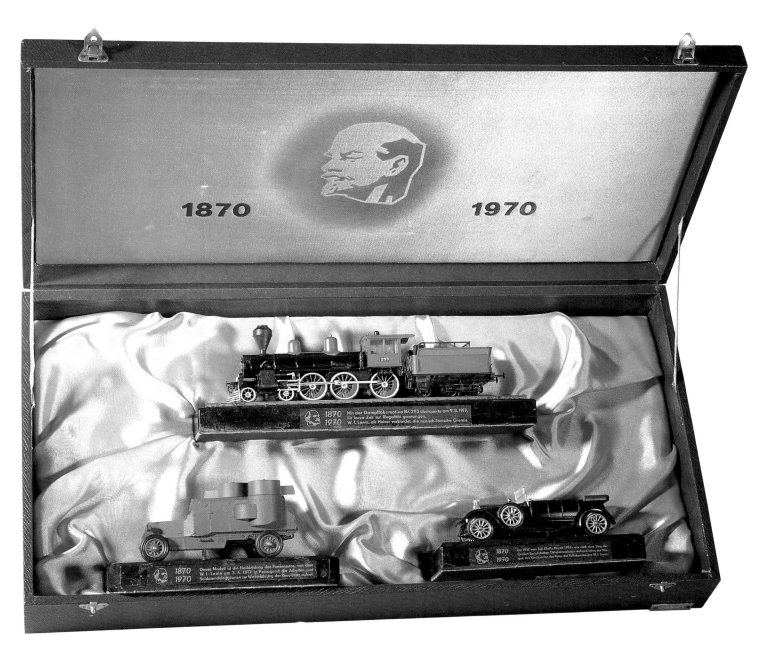

Plaque, GDR 1970
Special issue by the People's
Own Glassworks, Jena, to mark
the centenary of Lenin's birth
Glass
Ø 40 cm

Plakette, DDR 1970
Sonderanfertigung des VEB
Glaswerk Jena als Repräsenta-
tionsgeschenk zum 100. Geburts-
tag Lenins
Glas
Ø 40 cm

Plaquette, RDA 1970
Fabrication hors-série de la VEB
du verre de Iéna en tant que
cadeau représentatif pour le
centenaire de Lénine
Verre
Ø 40 cm

Models of historic vehicles,
GDR 1970
Special issue for the centenary
of Lenin's birth
Steel, zinc, brass and wood
43.5 x 6.5 x 23 cm

Historische Fahrzeuge,
DDR 1970
Sonderanfertigung zum
100. Geburtstag Lenins
Stahl, Zink, Messing, Holz
43,5 x 6,5 x 23 cm

Véhicules historiques,
RDA 1970
Fabrication hors-série pour
le centenaire de Lénine
Acier, zinc, laiton, bois
43,5 x 6,5 x 23 cm

Dove of peace on a globe,
GDR/North Korea 1950s
Gift from Korean apprentice
fitters in the GDR to Wilhelm
Pieck
Steel
Ø 12 x 14 cm

Friedenstaube auf Erdkugel,
DDR/Nordkorea 50er Jahre
Geschenk von koreanischen
Schlosserlehrlingen in der DDR
an Wilhelm Pieck
Stahl
Ø 12 x 14 cm

**La colombe de la paix sur le
globe terrestre**, RDA/Corée du
Nord années 50
Cadeau offert par les apprentis
ajusteurs coréens en RDA à
Wilhelm Pieck
Acier
Ø 12 x 14 cm

Sandman doll,
GDR 1980s
The original used in the GDR's
puppet film studios
Wood, plastic, ceramic and textile
48 x 38 x 46 cm

Sandmännchen,
DDR 80er Jahre
Original aus dem Trickfilmstudio
des DDR-Fernsehens
Holz, Plaste, Keramik, Textilien
48 x 38 x 46 cm

Marchand de sable,
RDA années 80
Original des studios d'animation
de la Télévision est-allemande
Bois, plastique, céramique, tissu
48 x 38 x 46 cm